JN016788

2000億円超を運用した
伝説のファンドマネジャーの

株トレ

\世界一楽しい
「一問一答」
株の教科書/

ファンダメンタルズ編

窪田真之

ダイヤモンド社

Q

予想配当利回りが高い
J社とK社、
買うならどっち?

	J社	K社
(a) 株 価	850円	800円
(b) 1株当たり配当金 （今期会社予想）	40円	52円
予想配当利回り (b)÷(a)×100	4.7%	6.5%
株式時価総額	2兆8730億円	520億円

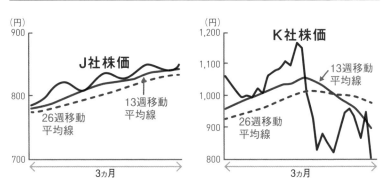

クイズで株の勝ち方を身につけよう！

　株で稼げるようになりたいと思ったら、最初に何をすべきでしょうか？

　多くの人が「投資の勉強」と答えますが、そうではありません。

　ピアノを弾けるようになりたければ、音楽理論の勉強ではなく、ピアノを弾くことが一番ですし、英語を話せるようになるには、文法や単語の勉強よりも、自分で話すことが重要です。

　株も一緒です。なぜか投資となると「まずは一通りの理論を勉強してから……」と考える人が多いのですが、実際に株を買うつもりもなく、ただ理論ばかりを勉強していても身につきません。

　株は勉強が得意な人が勝てるゲームではありません。

　自分の頭で投資判断を繰り返し、経験を積むことで、勝ち方が身についていきます。

　とはいえ、個人投資家の皆さんが、限られた資金でたくさんの投資経験を積むのは現実的ではないかもしれません。

　そこで、皆さん自身が株を売買するつもりで投資判断を繰り返せるように、このようなクイズ形式のトレーニングブック『株トレ』を制作しました。

　クイズの答えは、本編に進んで確かめてみてください。

　25年間ファンドマネジャーを務め、数えきれないほどの投資を実行した私の経験から、本当に役立つことだけを集めて60題のトレーニングにしました。

　ぜひ楽しみながら、株の勝ち方を身につけてください。

■ チャートだけでは限界がある

　株式投資で成功するのに大切な武器は、「テクニカル分析」と「ファンダメンタルズ分析」です。

　テクニカル分析の重要さは、前書『株トレ　世界一楽しい「一問一答」株の教科書』で解説しました。保有銘柄の株価チャートに「強い売りシグナル」が出たら、どんな事情があろうといったん売るべきです。どんなにファンダメンタルズが良いと信じている銘柄でも、強い売りシグナルが出たら、売って頭を冷やすべきです。

　逆に、株価チャートに「強い買いシグナル」が出た銘柄は、黙って買うべきです。銘柄の好き嫌いが激しい人は、嫌いな銘柄に強い買いシグナルが出ても無視しますが、強いシグナルには素直に従うべきです。

　とはいえ、見た瞬間に「売り！」「買い！」と確信できるシグナルが出ているチャートは、そんなにしょっちゅう見つかるものではありません。ほとんどの株価チャートは、「やや強そう」「やや弱そう」「中立」のどれかです。

「やや強そう」「やや弱そう」という、あいまいなチャートで無理に売買していると、だましにひっかかりやすく、痛い目を見ることがあります。

■ ファンダメンタルズ分析も使って勝率を高める

　そこで大切なのは、ファンダメンタルズを見ることです。テクニカルとファンダメンタルズを総合的に見て判断できれば、投資で成功する確率を高められます。

　本書では、銘柄選択の精度をさらに高めるのに役立つ、ファンダメンタルズ分析を学びます。ファンダメンタルズ分析とは、個別企業の業績・財務・株価指標・ビジネスモデル・経済環境など分析し、その銘柄の「成長性」「割安性」を判断する手法です。

　テクニカル分析であいまいなシグナルしか出ていない銘柄でも、ファ

ンダメンタルズまで見ると、自信を持って「売り」「買い」の判断ができることがあります。ファンダメンタルズをしっかり見ることで、勝率を高められます。

■ ファンダメンタルズとテクニカルの使い分け

ファンダメンタルズ分析とテクニカル分析は、どのように使い分けたら良いでしょう。テクニカル分析で「買い」、ファンダメンタルズ分析でも「買い」ならば、迷うことなく「買い」です。テクニカルもファンダメンタルズも「売り」ならば、迷うことなく「売り」です。

ところが、現実には、テクニカル分析とファンダメンタルズ分析が逆の判断になることがよくあります。

「業績は好調だけれど、チャートは悪い」とか、「業績はひどいけれど、チャートは良い」という銘柄に、よく出会います。そういう時は、両方を総合的に勘案して判断します。

たとえば、ファンダメンタルズで「買い」、テクニカルで「やや弱そう」ならどうしましょう。私がファンドマネジャー時代には、そういう銘柄は買わずに様子見しました。そして、テクニカルが中立または買いになった時に買い出動しました。

逆に、保有銘柄がファンダメンタルズで「売り」になったのにテクニカルで「やや強そう」ならどうしましょう。すぐに売らずに、タイミングを遅らせて少しずつ売っていくようにしました。

■ 60問のクイズで、業績や財務を読めるようになる

ファンダメンタルズ分析に入る前に、少しだけ会計の勉強をしましょう。会計は「ビジネスの言語」です。業績が好調か、財務は良好か判断するには、会計という言語で語られている財務諸表を読む必要があります。

とは言っても、分厚い会計の本で勉強する必要はありません。本書で用意した60問のクイズを解いていただくだけでOKです。クイズを解くうちに、投資に役立つ最重要の会計知識だけ、すっきり理解できるようにしています。

投資家として大切なことは、企業が発表する決算の全体像をざっくりとらえる力を持つことです。細部に踏み込む前に、全体を眺めて重要なポイントを瞬間的に理解できる目を持つことが大切です。

■ 新人ファンドマネジャーになったつもりで投資をシミュレーション

本書では、皆さまに新人ファンドマネジャーとして、株式投資を疑似体験していただきます。まだ何も知識のないところから、いきなり投資判断をくださなければなりません。

それでは、始めましょう。クイズを楽しみながら、新人ファンドマネジャーになった気分で、ファンダメンタルズ分析の基礎を学んでください。

2024 年 7 月　窪田真之

※本書のクイズは、実在する会社の業績や財務をモデルにしていますが、理解を容易にする目的で細部を変更して作成しています。

2000億円超を運用した伝説のファンドマネジャーの

株トレ

ファンダメンタルズ編

Contents

はじめに　60問のクイズで、決算をざっくり読めるようになる

第1章　チャートと決算を同時に読む

第2章 損益計算書を読む

第3章 バランスシートを読む

第4章 キャッシュフロー計算書を読む

第5章 高配当利回り株の選び方

第6章 儲かる株、損する株を見抜く

チャートと決算
を同時に読む

■ あてずっぽうでOK。とにかく投資判断を繰り返そう!

　第1章では、ファンダメンタルズとチャートを同時に読むクイズを出します。バランスシートや損益計算書の読み方、高配当利回り株の選び方、成長株の探し方、チャートの読み方、どんどん行きます。

　あてずっぽうで構わないので、まずはクイズに答えてみましょう。詳しい解説は、後段に載せています。後から少しずつ学んでください。何も知らない初心者でも、いきなりクイズを解くことから始めたほうが効率よく学べます。

　株式投資で勝つために、知っておいたほうが良いこと、勉強すべきことはたくさんあります。しかし、全部勉強してから投資しようと思っていると、いつまでも投資を始められません。そもそも投資もしていないのに投資について「お勉強」するのは退屈なものです。ちっとも身につきません。

　それよりも、とにかく株を買ってみて、失敗したり成功したりしながら勉強するとあっという間に必要な知識が身につきます。日本で英語を勉強してもなかなか身につかないけれど、アメリカ人のコミュニティに放り込まれたらあっと言う間に英語を話せるようになるのと同じです。

　とはいえ、何も知らずにいきなり大金を投じて投資を始めるわけにいかないでしょう。本書では、皆さんがいきなり投資顧問会社に放り込まれて100億円のファンド運用を担当させられたという設定で、訓練を受けてもらいます。担当教官は私です。ファンドマネジャー時代の感覚で、皆さんを訓練します。いくら間違えてもバーチャルの体験なので大丈夫です。専門用語がわからずクイズの意味がわからないところもあるかもしれません。でも現場に放り込まれたら、あてずっぽうでも判断しなければなりません。野生のカンでバシバシ答えてください。

　それでは、クイズを解きながら、株式投資のファンダメンタルズ分析を楽しんでください。

赤字決算発表の翌日に株価急騰！

4月25日15時にA社が決算を発表。前期（2024年3月期）は不採算事業から撤退したために特別損失が出て▲197億円の赤字に転落。ただし今期（2025年3月期）は225億円の黒字に転換する見込みです。翌日10時時点で、A社の株価は前日比281円（20％）の上昇。

ここから、売り、買い、様子見？

〈A社が発表した連結決算〉　【単位：億円】

	売上高	営業利益	経常利益	当期利益	1株当たり利益
2024年3月期 実績	3,957	134	92	▲197	赤字
2025年3月期 会社予想	4,292	429	382	225	168円

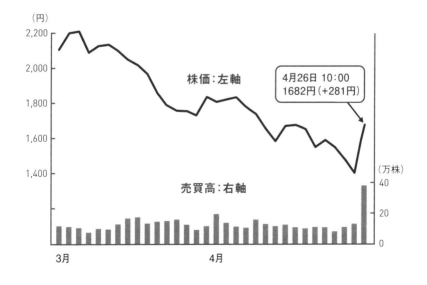

4月26日 10：00
1682円（+281円）

株価：左軸

売買高：右軸

■ A社の今期業績はV字回復の予想

　前期は不採算事業から撤退したために「特別損失」が発生して大赤字。でも今期は不採算事業の損失が無くなる上に、既存事業が伸びて、利益急回復の見込みです。

「特別損失」とは、撤退する事業で使用していた設備を除却することで発生する「固定資産除却損」や、解雇する従業員に支払う「特別退職金」など。

■ A社株はPERから割安と判断される

　株価は 26 日に 281 円（20%）も上昇しているが、それでも急騰後の株価 1,682 円で計算される PER（株価収益率）は 10 倍。割安と判断されます。

　PER ＝株価÷1 株当たり利益＝ 1,682 円÷ 168 円＝約 10 倍

■ 株価が急騰を始めてまだ初日、好材料が新しい

「前日より株価が 20% も上がっているから、もう今さら買えない……ここは売り！」と判断した方もいると思います。1 日の値動きだけで判断すると、大きな流れを見誤ります。

　3 月に 2,200 円をつけていた A 社株は、業績への不安から 1,401 円まで暴落していました。今期業績が急回復する見通しだとわかったのに、株価はまだ底値からたった 281 円しか上昇していません。「業績不振銘柄」から「業績好調で割安な銘柄」に評価が変わったばかりであり、急騰初日は、ぜひ買っておきたいところです。

■ 「詳細がわからないので様子見」の判断は誤りではない

「売り」は明らかに悪手ですが、「様子見」は必ずしも悪手とは言えません。詳しいことがわからないうちは手を出さないという考えも、間違いではありません。

Q 02　決算発表の翌日に株価急落！

2024 年 2 月 1 日 15 時、12 月決算の B 社が前期実績（2023 年 12 月期）と今期業績予想（2024 年 12 月期）を公表しました。決算発表を受けて、翌日の B 社株は寄付で前日比 200 円安の 3,510 円に。

ここから、売り、買い、様子見？
この時点で B 社株の予想PERは何倍？

PER は次から選んでください。① PER15 倍　② PER30 倍

〈B社が発表した連結決算〉

【単位：億円】

	売上高	営業利益	経常利益	当期利益	1株当たり利益
2023年12月期 実績	3,952	343	363	253	234円
2024年12月期 会社予想	3,592	175	196	125	117円

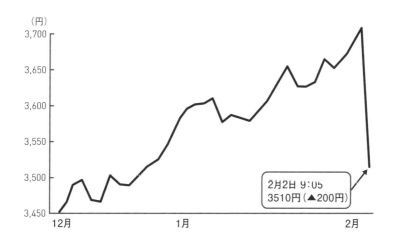

（円）
3,700
3,650
3,600
3,550
3,500
3,450

2月2日 9:05
3510円（▲200円）

12月　　　　1月　　　　2月

予想 PER ＝株価÷1株当たり利益（今期2024年12月期予想）

　　　　　＝ 3,510 円÷ 117 円

　　　　　＝ 30 倍

実績 PER ＝株価÷1株当たり利益（前期2023年12月期実績）

　　　　　＝ 3,510 円÷ 234 円

　　　　　＝ 15 倍

　単に PER といったら、予想 PER のことです。株価指標として、実績 PER を使うことは、ほとんどありません。

　決算発表の焦点は前期実績ではなく今期予想です。発表前に株価が上昇していたということは、良い決算が期待されていたわけですが、「今期は大幅減益予想」の発表。ここでの投資判断は「売り」です。

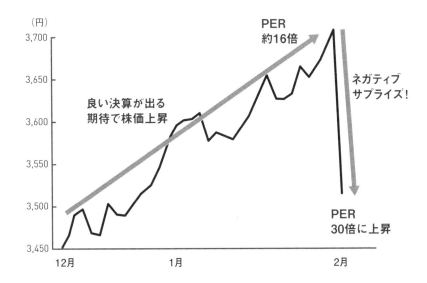

　急落して PER は 30 倍に上昇。ここからさらに売られる可能性が高いでしょう。

　決算発表前は、前期予想1株当たり利益（約234円）から PER を計算するのが日本では一般的です。決算発表前の PER は約16倍でした。

Q 03 割安な株

C社は自己資本比率30%、PBR 2倍です。
D社は自己資本比率50%、PBR0.5倍です。

①、②のうちC社はどっち？

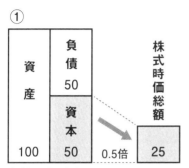

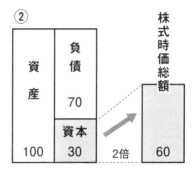

（注）純資産＝資本として表示

！ ヒント　バランスシートは「資産・負債・資本の目録」

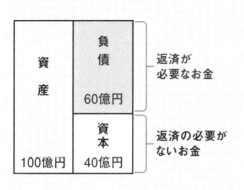

　バランスシートを見ると、事業に使う資産を得るための資金をどう調達したかわかります。

　この例では、資産100億円を、負債（借金など）60億円＋資本（株主の出資金など）40億円で調達したことがわかります。

第1章　チャートと決算を同時に読む

21

PBRは、株式時価総額が純資産（資本）の何倍であるか示す値です。

PBR＝株式時価総額÷純資産＝株価÷1株当たり純資産

倍率が低いほど、株価は割安と判断されます。

PBR 2倍は、「株式時価総額が純資産の2倍」という意味なので、正解は②です。①はD社で、PBR 0.5倍を示しています。

■ PBR1倍は、どんな企業？

PBR 1倍ならば、「株式時価総額＝純資産（資本）」です。

1億円を出資して会社設立。さらに1億円を借金して、合わせて2億円の資産を持つ会社を思い浮かべてください。その会社がそのまま上場したとすると、株式時価総額はいくらになるでしょう。まだ何もしていない会社ですので、普通に考えれば1億円。それが、PBR 1倍です。

純資産1億円でも、将来、利益をどんどん稼ぐ期待が高ければ、株式時価総額は3億円になることもあります。この状態が、PBR 3倍です。

反対に、将来、赤字が続いて資本を食いつぶしていくと考えられれば、株式時価総額は5,000万円となることもあり得ます。その状態が、PBR 0.5倍です。

このように、PBRには「投資家による、企業の将来性への評価」が反映されます。

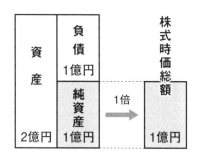

04

いくらなんでも売られすぎ

急落中の電機・精密業 E 社と F 社。どちらも PBR は 0.4 倍、チャートはまったく同じ形。業績悪化で売られているが、いくらなんでも売られすぎだと思うので、買い出動します。

E社とF社、買うならどっち？

〈E社とF社の株価チャートは同じ形〉

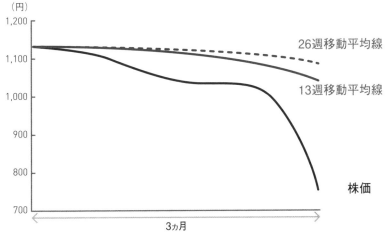

（注）純資産＝資本とする

■ ファンダメンタルズを見ずに、急落銘柄を買うのは危険

「落ちてくるナイフはつかむな」という相場格言を知っていますか。「急落中の銘柄を買うと、さらなる下落で痛い目にあう」という意味です。

　Ｅ社・Ｆ社の株価チャートは、まさに「落ちてくるナイフ」。株価が13週移動平均線を25％も下回っています。そろそろリバウンドするかもと思いがちですが、そこに落とし穴があります。

「業績悪化で売られているが、いずれ業績は回復する」ならいいが、もし「財務が悪化している」なら、絶対に買うべきでありません。財務が懸念される銘柄に下値のメドはありません。万一倒産すれば残存価値はほぼゼロになります。値ごろ感で投資するのは危険です。

■ Ｅ社は自己資本比率5％、Ｆ社は95％

　Ｆ社は財務良好、Ｅ社は財務劣悪。自己資本比率だけで断定はできませんが、ほぼその判断で問題ありません。

　一般的に、以下に該当する銘柄は、財務に懸念があり要注意！
①自己資本比率が10％を割れている
② PBR が 0.5 倍を割れている
③有利子負債残高が売上高より大きい
④無配（配当を支払っていない）
⑤２期連続で赤字
⑥３期連続でフリーキャッシュフローが赤字（→第４章参照）
⑦法令違反により世界各国で巨額課徴金を科されるリスクがある
⑧取引先企業が手形決済をやめ、現金決済を求める
⑨銀行から派遣されていた役員が辞任
⑩監査法人が財務諸表に「継続企業の前提に疑義あり」と注記
　上記の項目、どれか１つに該当しても問題ないこともあります。ただし、複数項目に該当する場合は要注意。Ｅ社は①②に該当します。

05 セグメント別の損益

G社とH社、買うならどっち？

2年連続で赤字、PBR 0.7倍まで売られたG社とH社。
事業セグメント別の損益を見て、判断してください。

【単位：億円】

G社	
売上高	200
事業Ⅰ	100
事業Ⅱ	100
営業利益	▲10
事業Ⅰ	▲ 5
事業Ⅱ	▲ 5

H社	
売上高	200
事業α	100
事業β	100
営業利益	▲10
事業α	▲30
事業β	20

・G社は事業ⅠとⅡ、H社は事業αとβ、それぞれ2つの事業を有する。
・営業利益とは、本業の利益のこと。▲は赤字を示す。

　どちらも2期連続の営業赤字、収益力に問題があります。ただ、事業別の損益内訳が異なります。経営改革によって、収益を立て直しやすいのはどちらか、考えてください。

■ H社の損益を立て直すためにすべきことは明らか

H社には、大赤字の事業 α と、高収益の事業 β （営業利益率20％）があります。事業 α を損益トントンに持っていけば、H社の損益を立て直せます。難しければ事業 α の売却や撤退も選択肢に入ります。

・営業利益率＝営業利益÷売上高
・事業 β の営業利益率＝20億円÷100億円＝20％

一方、G社の事業Ⅰ、事業Ⅱはともに赤字。赤字を無くす構造改革を進めることはできても、その後何で稼いでいけるのかわかりません。

■ 損益計算書のセグメント情報をチェック

損益計算書を見る時、最初にセグメント情報を必ず見るようにしてください。そこに事業別の稼ぐ力が表れているからです。

以下の損益計算書は、ホンダ（2024年3月期）のセグメント情報を抜粋したものです。売上は四輪（乗用車）事業が大きいが、営業利益率は二輪（オートバイ）や金融事業のほうが高いことがわかります。

【単位：億円】

	二輪事業	四輪事業	金融サービス事業	パワープロダクツ事業他	連結
売上収益	3兆2,201	13兆7,915	3兆2,517	4,223	20兆4,288
営業利益	5,562	5,606	2,739	▲88	1兆3,819
営業利益率	17.3％	4.1％	8.4％	▲2.1％	6.8％

（出所：同社2023年度決算説明会資料より作成）

06 自社株買いの発表

　財務良好、収益力が安定しているＩ社は、2024年5月2日の取締役会で以下の通り、自社株買い（自己株式の取得）を決議したと発表しました。予定通り上限の3,000万株を取得すると、

Ｉ社の株価は、理論上何％上昇する？

　次の①～③から選んでください。①０％　②約２％　③約４％

---

1. 自己株式の取得を行う理由
　株主還元の拡充および資本効率の向上のため
2. 取得にかかる事項の内容
　(1)取得する株式の種類　　　自社の普通株式
　(2)取得する株式の総数　　　3,000万株（上限）
　　　　　　　　　　　　　　（発行済株式総数に対する割合2.0％）
　(3)株式の取得価額の総額　　700億円（上限）
　(4)取得期間　2024年5月8日－2024年9月22日
　(5)取得方法　　東京証券取引所における市場買付

> **❗ ヒント**　**自社株買いは、株主への利益還元**

　自社株買いとは、上場企業が、自社が発行している株を買い戻すことです。たとえば、「NTTがNTTの株を買う」のが自社株買いです。「自社株買い」は、「配当金の支払い」とともに、株主への利益還元の手段です。米国のハイテク企業では、株主への利益還元は自社株買いのみ（配当なし）もあります。

■ 株価が理論上約2％上昇するのは、なぜ？

　I社は、「発行済み株式総数の2％に当たる3,000万株を上限として自社株買いを行う」と発表しました。この自社株買いが、株主にどのくらいのメリットを生むか、おおよその見当をつける方法をお教えします。

　発表された自社株買いが、すべて実行されると、発行済株式総数が2％減ります。すると企業の利益額が変わらなくても、1株当たり利益が約2％増えます。PERでの株価評価が変わらなければ株価は約2％上昇します。

■ 自社株買いは、1株当たりの分け前を増やすこと

「自社株を買うんだから株価は上がるでしょ」と、自社株買いのメリットを「買いが入る」という需給材料と考えている方もいます。確かに「自社株買い」を発表した企業の株価が、短期的に大きく上がることもあります。自社株買いを材料に、短期筋が買い上がると、そうなります。でも、それだけならば、短期的な株価材料にしかなりません。企業の投資価値が変わらなければ、いずれ売られて、元の株価に戻るでしょう。

　自社株買いの意味は、「買って株価を押し上げる」ことではありません。「1株当たりの利益を増やす」ことにあります。

　自社株を買うと、発行済み株式数が減ります。会社の利益総額が変わらなくても、1株当たり利益が増えます。1株当たりの利益が増えることを好感して株価水準が高くなることが期待されます。それが、自社株買いによる株主へのメリットです。

　少しわかりにくかったかもしれないので、「たとえ話」で説明します。

　40個のケーキ（企業の純利益）を株主10人で均等に分け合うことを考えてください。1人4個ずつもらえます。ここで、企業が自社株買いを実施し、株主2人の株を買い取ったとします。すると、株主数は8人に減りますので、1人当たりのケーキの割り当ては、5個に増えます。

　このように自社株買いとは、株式数を減らすことで、1株当たりの分け前を増やすことにあります。

高配当利回り株の選択

予想配当利回りが高いJ社とK社、買うならどっち？

	J社	K社
(a) 株 価	850円	800円
(b) 1株当たり配当金 （今期会社予想）	40円	52円
予想配当利回り (b)÷(a)×100	4.7%	6.5%
株式時価総額	2兆8730億円	520億円

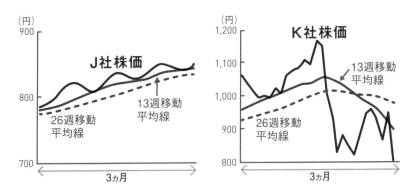

! ヒント **予想配当利回り＝1株当たり配当金÷株価**

1株当たり配当金が増えると（増配）、配当利回りは上がります。

1株当たり配当金が減ると（減配）、配当利回りは下がります。

1株当たり配当金が変わらなくても、株価が下がると配当利回りは上がり、株価が上がると配当利回りは下がります。

■ K社は減配になるリスクが高い

　予想配当利回りは、高ければ高いほど良いというわけではありません。株の配当利回りは、確定利回りではないからです。

　K社のように時価総額が小さく（1,000億円未満）、予想配当利回りが非常に高い（6％以上）銘柄は、減配リスク（配当金が減らされるリスク）が高いので要注意です。

〈K社の株価と予想配当利回りの推移〉

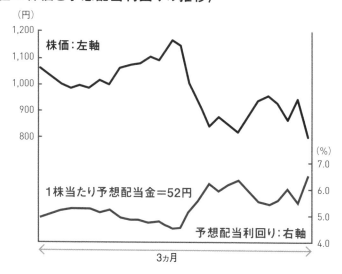

　K社は、予想配当金が52円で変わらないまま株価が下落しているので、見かけ上、利回りが上昇しています。ただし、減配になって利回りが下がり、株価がさらに大きく下がることもあるので要注意。

■ J社は減配になる可能性が低い

　一般的に時価総額の大きい銘柄は、財務が良好で、収益もそこそこ安定していると言えます。J社は時価総額2兆円超なので、財務も収益力も、そんなに悪くないと思います。チャートもしっかりしているので、少し買ってみて良いと思います。

08 高配当利回り株の選択（その2）

予想配当利回り3.8％の情報通信L社と、4.6％の自動車M社。

NISA口座で買うならどっち？

過去16年の連結純利益の推移を見て、判断してください。

〈L社とM社の連結純利益の推移〉

【単位：億円】

決算期	L社	M社
2008年3月期	5,021	6,094
2009年3月期	4,344	▲1,142
2010年3月期	4,028	2,237
2011年3月期	4,146	4,450
2012年3月期	3,861	1,762
2013年3月期	4,244	3,059
2014年3月期	4,662	4,784
2015年3月期	4,204	4,245
2016年3月期	5,018	2,871
2017年3月期	5,442	5,138
2018年3月期	6,107	8,828
2019年3月期	5,812	5,086
2020年3月期	5,818	▲1,281
2021年3月期	5,551	3,478
2022年3月期	5,992	5,892
2023年3月期	6,054	6,042

（実在の会社の過去の業績推移をモデルとして作成。▲は赤字）

第1章　チャートと決算を同時に読む

■ L社はディフェンシブ株、M社は景気敏感株

リーマンショックがあった2009年3月期と、コロナショックがあった2020年3月期の業績に注目してください。どちらも深刻な景気後退局面です。

M社は赤字に転落していますが、L社は黒字を継続しています。M社のように景気変動の影響を大きく受ける銘柄を「景気敏感株」、L社のように不況期でも業績があまり悪化しない銘柄を「ディフェンシブ（景気中立）株」と言います。

景気敏感株は不況期に減配になるリスクがあります。NISA口座で長期投資する高配当利回り株は、できればディフェンシブ株から選んだほうが良いです。

以下の業種分類表で、上に行くほど景気敏感株が多く、下に行くほどディフェンシブ株が多くなります。

景気敏感度	業種5分類	小分類
高い ↑ 低い	素材・市況	鉄鋼・非鉄・造船・海運・商社 石油精製・鉱業・化学・繊維 ガラス・セメント・紙パルプ…
	輸出・加工	電機・精密・自動車・機械…
	金融	銀行・保険・証券・その他金融
	内需・公共	電鉄・不動産・倉庫・電力・ガス…
	IT・消費サービス	情報通信・小売り(日用品) サービス・医薬品・食料品 化粧品・水産農林…

09

小型成長株、危ない株の見分け方

　東証グロース市場（旧マザーズ市場）に上場しているN社とO社。

　どちらもバイオ医薬品で画期的技術の開発に携わっていることが注目され、株式市場で高く評価されています。

N社とO社、
投資を避けた方が良いのはどっち？

銘柄名	株式時価総額	売上高	純利益
N社	580億円	5億円	1,200万円
O社	982億円	220億円	▲3億円

（両社とも、発行済み株式数は1億株）

! ヒント　1株当たり売上高、1株当たり利益

　上記を発行済株式数で割り、1株当たりのデータとすると次の通り。

銘柄名	株価	1株当たり売上高	1株当たり利益
N社	580円	5円	0.12円
O社	982円	220円	▲3円

（株価＝株式時価総額÷発行済株式数、▲はマイナス[赤字]を示す）

　PERとPSR（株価売上高倍率）を計算すると、次の通り。

銘柄名	PER（株価÷1株当たり利益）	PSR（株価÷1株当たり売上高）
N社	4,833倍（580÷0.12）	116倍（580÷5）
O社	赤字のため計算できず	4.5倍（982÷220）

■ 売上高10億円以下は、投資しないほうが無難

　東証グロース（旧マザーズ）市場は、高い成長可能性があれば、売上高や利益が十分にあげられていなくても、上場できる市場です。

　売上高10億円以下の会社や、創業以来ずっと赤字の会社など、通常だと上場できない会社でも上場できることがあります。

　ベンチャー企業が大きく成長するために必要な、2つのステップがあります。

　ステップ1：売上を伸ばすこと
　ステップ2：利益を出すこと

　重要なのはステップ1です。まず売上を出さないと話になりません。私は、売上が10億円もない企業は、投資リスクが高すぎるので避けたほうが良いと思います。

　売上高100億円以上で、売上成長率は高いが利益がまだ出ていない企業は投資してみて面白いと思います。さらに売上が伸びて黒字転換するところで株価の上昇が期待できるからです。

■ PSR（株価売上高倍率）20倍以上は、投資しないほうが良い

　Ｎ社のPSRは116倍。まだ売上があまり出ていないのに、投資家の期待で株価が非常に高くなっていることがわかります。

　私はファンドマネジャー時代、PSR20倍以上の株は買わないことにしていました。投資家の期待が高すぎて、こわいです。

　もちろん、短期トレードと割り切って株価チャートを見ながら売買するならば「なんでもあり」です。上記の鉄則は、小型成長株の候補として長期投資する場合に気を付けるべきことです。

　PSR ＝株式時価総額÷売上高
　　　　＝株価÷1株当たり売上高

高成長を期待する小型株

　AI（人工知能）を活用した問い合わせへの自動応答システムで画期的新製品を発売したP社株を2,500円で100株買ったら、2,300円まで急落してしまいました。

ここから、売り、買い増し、様子見？

〈ファンダメンタルズ分析〉

　P社は成長の3条件を満たしていると判断

　(1)市場成長性：高い

　→ AIによる自動応答システムの利用拡大が世界中で進むと予想。

　(2)市場シェア：高い

　→特許取得済み。新技術利用にはP社許諾が必要。

　(3)参入障壁：高い

　→最先端AIを駆使して完成させた。

〈P社の株価と売買高のチャート〉

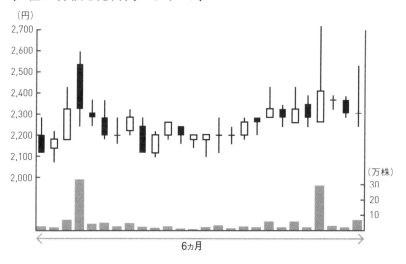

■ チャートで強い「売り」シグナルが出たら、問答無用の「売り」

「はじめに」で説明した通り、テクニカルで「強い売り」シグナルが出た時は、ファンダメンタルズ判断は無視してテクニカルに従うべきです。

　AIは日進月歩。最先端だと言われている技術があっという間に陳腐化し、もっともらしい成長ストーリーが、後からだましと判明することもあります。

■ P社株価チャートには「強い売り」シグナル

　P社は、高成長を期待する買いで3回急騰しましたが、いずれも直後に大量の売りが出て急落しています。こうなると成長ストーリーが「だまし」だと疑う人が増えます。

　1回目の急騰局面で30万株、2回目も30万株、3回目は7万株の売買高があります。大量のしこり玉（含み損を抱えた保有株）があります。売買が細ったところで、このしこり玉が損切りに動けば株価は急落します。

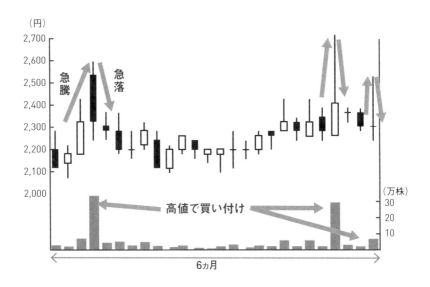

株価は景気を先取りする

■ 景気は循環する

　好景気が長く続くと、景気が永遠に良いと勘違いする人が増えますが、そんなことはありません。いつか必ず景気後退期が来ます。

　反対に、景気が悪くなると「いよいよバブル崩壊」といって、いつまでも不況が続くとカン違いする人が増えますが、いつか必ず景気は回復します。株式投資をする時は、それをしっかり頭に入れておく必要があります。

　株価は景気循環を半年〜1年先取りする傾向があります。

　景気、金利、株価は密接に連携して動きます。米国株では以下の関係があります。

	景気拡大期			景気後退期		
	初期	中期	過熱期	初期	中期	後期
金利	↘	↗	↗	↗	↘	↘
株価	↗	↗	↘	↘	↘	↗

（出所：筆者作成、金利は新発10年国債利回り）

　日本株にも当てはまりますが、米国株ほどきれいには当てはまりません。今景気が良いか悪いかだけでなく、半年から1年後に景気がどうなっているか考える必要があります。

■ 株価の大きな波と小さな波

　株には上昇と下落のサイクルがあります。数十年サイクルで動く「大きな波」と、景気循環にともなって4〜5年で動く「小さな波」があります。

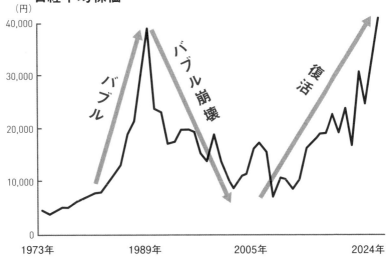

〈日本株の大きな波：1973年1月〜2024年3月〉

日経平均株価

（円）

バブル
バブル崩壊
復活

1973年　1989年　2005年　2024年

　日本株は、1980年代に「バブル」と呼ばれる大きな上昇波動を形成。1990年代には「バブル崩壊」の大きな下落波動を形成しました。その後、日本株復活の大きな上昇波動に戻っています。これが、数十年タームで形成する大きな波です。

　1973年当時、日経平均株価は5,000円前後で、東京証券取引所（第一部）の平均PERは約13倍でした。東証上場企業の株価は、平均すると1株当たり利益の13倍で評価されていたわけです。世界の主要国株価指数は、古今東西おおむねPER10-20倍で評価されているので、1973年当時の日本株は、割安だったと言えます。

　ところが、1980年代に入ると、自動車、電機、半導体産業で日本が欧米を凌駕し、「ジャパン・アズ・ナンバー1（日本が世界1）」と言われる中で日本株が急騰。1989年に日経平均は3万8,915円をつけました。利益の増加を伴わず、夢だけで株価が膨らんだため、東証のPERは70倍まで上昇しました。利益では説明できない「バブル」でした。

　2013年以降、構造改革で投資価値を高めた日本株は、再び上昇トレンドに入ります。日経平均は2024年にバブル高値を超えて、4万円

をつける場面がありました。今回の株価上昇は、財務内容を改善し、収益力を高めながら進んできたので、東証プライム市場の平均PERは16倍前後です（2024年6月時点）。投資価値を高めた日本株は、再び割安になったと判断しています。

■ 景気循環と日経平均株価の関係
〈日本株の景気循環の波：1999年1月～2024年3月〉

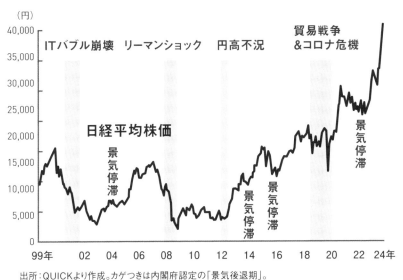

出所：QUICKより作成。カゲつきは内閣府認定の「景気後退期」。
「景気停滞期」は筆者判断。景気後退ぎりぎりまで悪化して持ち直した期間。

　株価には、4～5年ごとに繰り返す「景気の波」があります。「景気が悪くなると株価が下がり、景気が良くなると株価が上がる」というものですが、完全には一致しません。過去の経験則では、株価は景気よりも半年から1年早く動きます。

　上のグラフで、ITバブル崩壊不況（2000年12月～2002年1月）、リーマンショック不況（2008年3月～2009年3月）をご覧ください。景気がピークアウトする半年～1年前に、日経平均がピークアウトしていることがわかります。日経平均が、景気を先取りして動いています。

　上のグラフで、「景気停滞」と書いたところをご覧ください。4ヵ所

あります。2004年「景気踊り場」、2014年「4月の消費税引き上げ（5→8％）後の景気停滞」、2015年末「資源安ショックにともなう景気停滞」、2022年「世界的インフレ、金利上昇による景気停滞」です。

　いずれも「いよいよ景気後退期に向かう」と不安が広がったものの、景気後退には至らずに盛り返したところです。4回の景気停滞期でも、日経平均は下落し、停滞期を過ぎてから上昇するサイクルを描いています。

■ 乱高下しつつ上昇する日経平均

　日本株は割安で、中長期的に上昇余地が大きいと判断しています。とは言っても、一本調子での上昇はありません。これからも急落と急騰を繰り返しつつ、上昇していくと思います。

　2013年以降、日経平均は何度も急落を挟みながら上昇しています。景気後退期に入ると30％くらい下げます。景気後退に入らなくとも、さまざまなショックで10〜20％下げることはよくあります。それを頭に入れておく必要があります。

〈日経平均の動き：2012年末〜2024年3月〉

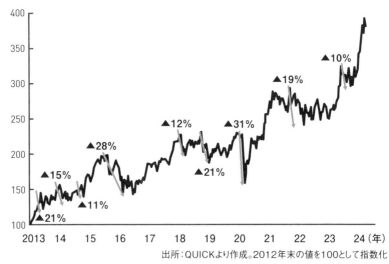

出所：QUICKより作成。2012年末の値を100として指数化

損益計算書
を読む

■ 損益計算書で「利益を生み出す力」を見極める

　第1章で、いきなり色々なパターンのクイズを解いてもらいました。ここからは特定のテーマのクイズを集中的に解いていきましょう。

　第2章では、損益計算書を学びます。企業が1年間の営業活動を行った結果、生じる利益または損失を表すのが、損益計算書です。株式投資をするうえで、一番重要なのが損益計算書を読むことです。

　損益計算書を読む目的は何でしょうか。「増益か減益か？」まず、そこに目がいく人が多いと思います。確かにそれも見るべきポイントの1つには違いありません。ただし、実際には、もっと重要なポイントがあります。

「利益率が高いか低いか？」

「利益率が上昇しているか、低下しているか？」

　私はまず、そこから見ます。なぜならば、そこに企業の「利益を生み出す力」が表れているからです。

　企業は、今後何十年と続いていく存在です。足元の決算がたまたま増益でも、利益を生み出す力が弱くなっている企業は、いつか利益を出せなくなる可能性もあります。「安定的に利益をもたらす、しっかりした収益基盤があるか」を見抜くことが大切です。一時的な利益の増減に惑わされず、利益の質がどう変化しているか、じっくり見る必要があります。

　一言で「利益」と言っても、いろいろな種類の利益があり、代表的なものに、売上総利益（粗利）、営業利益、経常利益、当期純利益があります。それだけでなく、粗利率や営業利益率も見ていく必要があります。

　利益の質の変化を詳細に分析するためには、損益計算書だけでは不十分です。ビジネスモデルや技術力、業界シェア、同業他社とどう差別化されているかを調べる必要がありますが、そうした調査の前に、まず利益率の変化を観察し、利益の質がどう変わっているかを大まかにつかんでおくことが大切です。

　それではクイズを解きながら、損益計算書の全体像をざっくり捉えることから学びましょう。

損益計算書をおおづかみ

①～⑥に当てはまる「勘定科目」は何？

次から選んでください。

税引前利益、当期純利益、営業利益、経常利益、売上高、売上総利益

| ① | 製品や商品を販売、あるいは、サービスを提供することによって得られる収入の総額 |

マイナス 売上原価　製品の製造、商品の仕入れ、サービス提供にかかった費用
製造業の場合：原材料費・（工場の）人件費・経費

| ② | 販売する製品やサービスから得られる利益。販売収入から売上原価を差し引いたもの。粗利（あらり）とも言う。 |

マイナス 販管費　「販売費および一般管理費」の略称。企業が事業活動を行う中、販売業務や管理業務にかかる費用。

| ③ | 企業の主たる営業活動（本業）で稼いだ利益 |

プラス 営業外収益　本業以外で、経常的に発生する収益。主に投資で得られる収益。受取利息・受取配当金・持分法投資利益など

マイナス 営業外費用　本業以外で、経常的に発生する費用
支払利息・持分法投資損失など

| ④ | 本業の利益に、営業外収益を加え、営業外費用を差し引いたもの |

プラス 特別利益　臨時に発生した多額の利益。不動産など固定資産の売却益、長期保有の株式の売却益などが含まれることがある。

マイナス 特別損失　臨時に発生した多額の損失。固定資産売却損、株式売却損、リストラ費用、減損損失、自然災害による損失などが含まれることがある。

| ⑤ | |

マイナス 税金等

| ⑥ | 企業が稼いだ利益から、法人税を含むすべてのコストを差し引いて、最終的に残る利益。「最終利益」と言うこともある。 |

①売上高、②売上総利益、③営業利益、④経常利益、⑤税引前利益、⑥当期純利益。

■ 3つの会計基準

日本では、決算書を作る際の会計基準が3つあります。

①日本基準：日本の上場企業の約93％が採用

② IFRS（イファース：国際会計基準）：272 社が採用（2024 年 5 月時点）

③ SEC 基準（米国基準）：6 社が採用（2024 年 5 月時点）

近年、グローバルにビジネス展開する巨大企業を中心に、日本で IFRS の採用が増えています。社数ベースでは約 7 ％ですが、時価総額ベースでは約 48 ％が IFRS 採用企業となっています。

■ 日本基準とIFRSの大きな違い:特別損益の有無

日本の会計基準は、1999 年以降、IFRS とのコンバージェンス（共通化）を進めてきました。既に、両基準の間に重要な差異は少なく、日本基準は IFRS と「同等の基準」として、認められています。

それでも、まだいくつか大きな差異が残っています。投資家として知っておくべきは、以下 2 点です。詳しい内容は、次の問題で解説します。

 これだけは、覚えておこう！

・IFRS（および米国基準）では、特別損益の計上が、原則認められない。

・日本基準では「のれん」の定期償却が必要。IFRS と米国基準では不要。

IFRS、米国基準、日本基準の違い

A社とB社、IFRSまたは米国会計基準の損益計算書はどっち？

A社

(単位：億円)

① 売上高	100
② 売上原価	70
③ 売上総利益（①-②）	30
④ 販売費・一般管理費	20
⑤ 構造改革費用	10
⑥ 営業利益（③-④-⑤）	0
⑦ 受取利息・配当金	1
⑧ 支払利息	3
⑨ 税引前利益（⑥+⑦-⑧）	▲ 2

B社

(単位：億円)

① 売上高	100
② 売上原価	70
③ 売上総利益（①-②）	30
④ 販売費・一般管理費	20
⑤ 営業利益（③-④）	10
⑥ 受取利息・配当金	1
⑦ 支払利息	3
⑧ 経常利益（⑤+⑥-⑦）	8
⑨ 特別損失（構造改革費用）	10
⑩ 税引前利益（⑧-⑨）	▲ 2

ポイント　構造改革費用とは？

　既存事業の一部を縮小、あるいは撤退する時に発生する費用をまとめて「構造改革費用」（または「リストラ費」）と呼びます。人員削減にともなって発生する特別退職金（通常の退職金に加算して支払う割増金）や、撤退する事業で使用していた有形固定資産の除却損や売却損が含まれることがあります。

■ 構造改革費用をどこに計上するか？

　B社は、構造改革費用を特別損失としています。特別損失の計上が認められているのは日本基準だけなので、B社は日本基準です。

　米国基準では、構造改革費用は営業利益から差し引かれます。IFRSでも、営業利益から差し引かれることが多い（2023年時点で、IFRSでは営業利益の表示義務がないが、IFRS採用企業のほぼすべてが営業利益を表示している）。

■ IFRSや米国基準には、「特別損益」「経常損益」はない

　IFRSや米国基準では、原則「本業に関係がある損益→営業損益」、「本業に関係がない損益→営業外損益」となります。

　構造改革費用は、本業の一部が縮小・撤退する時に発生する費用。したがって、「本業に関係ある費用＝営業費用」として扱います。

　さらに、IFRSや米国基準においては、「経常利益」もありません。「特別損益」「経常損益」が存在するのは、日本基準だけです。

■ なぜ、日本では3つの異なる会計基準の使用が認められるのか

　ソニーは1970年代にニューヨーク証券取引所への上場を果たしました。当時米国で上場することがグローバル企業として認められる証でしたので、日本のグローバル企業は米国上場を目指しました。

　米国に株式を上場すると、米国基準で財務諸表を作成することが求められます。日米2つの基準で財務諸表を作るのは大変なので、米国基準で作成した財務諸表をそのまま日本でも使うことが認められるようになりました。

　ところが21世紀に入ると、IFRSが米国基準に変わってグローバルで幅広く使われるようになり、米国でも日本でも、IFRSの財務諸表が認められるようになったのです。これに伴い日本でIFRSを使用する企業が増えつつあります。ソニーグループも今はIFRSを使用しています。

13

収益の基盤

C社とD社、収益基盤が
しっかりしているのはどっち？

C社 損益計算書

売上高	売上総利益	営業利益	経常利益	当期純利益
100	20	5	5	20

D社 損益計算書

売上高	売上総利益	営業利益	経常利益	当期純利益
100	70	40	35	5

（売上高を100とした比率で表示）

(!) ヒント　「収益基盤がしっかりしている」とは？

　収益基盤がしっかりしている会社は、一定の利益を継続的にあげていける事業基盤を有しています。そのためには、他社にまねできない差別化されたビジネスを有することが必要です。両社の利益率にヒントがあります。

■ 粗利率、営業利益率、経常利益率が高いのはD社

利益率	C社	D社	計算方法
粗利率	20%	70%	売上総利益÷売上高
営業利益率	5%	40%	営業利益÷売上高
経常利益率	5%	35%	経常利益÷売上高
当期純利益率	20%	5%	当期純利益÷売上高

　収益基盤を見るうえで重要なのは、まず粗利率。これが低いと、収益は不安定になります。次に営業利益率、経常利益率を見ます。ここまで見るとD社のほうが利益率が高く、しっかりした収益基盤を持っているのは明らかです。

■ C社の当期純利益率が高い理由は…

　経常利益率が高いD社の当期純利益率が低いのは、特別損失（一時的損失）が出ているため。経常利益率が低いC社の当期利益率が高いのは、特別利益（一時的利益）が出ているためと考えられます。

　当期純利益＝経常利益＋特別利益－特別損失－税金等

　特別利益は、不動産売却益や持ち合い株式の売却益など一時的な利益です。繰り返し発生する利益ではないので、特別利益の金額が大きくても、収益基盤が安定しているとは言えません。
　特別損失は、固定資産の減損損失や、リストラ損失、災害による損失などで、これも原則的には一時的な損失です。特別損失が大きくても、収益基盤が弱いとは必ずしも言えません。

E社とF社、収益基盤が
改善しているのはどっち？

【単位：億円】

E社

	2021年	2022年	2023年	2024年
売上高	100	110	130	120
営業利益	20	21	22	16
営業利益率	20%	19%	17%	13%

F社

	2021年	2022年	2023年	2024年
売上高	130	120	100	110
営業利益	13	12	13	18
営業利益率	10%	10%	13%	16%

(!) **ヒント** **利益は「量」より「質」の変化を見ることが大切**

　損益計算書を見ると、過去の損益の実績が出ていますが、その中には将来を予想するためのヒントがたくさん含まれています。営業利益率の変化に注目しましょう。

■ 収益基盤の変化が、営業利益率の変化にあらわれている

E社

	2021年			2023年	
売上高	100	売上増加		130	売上減少
営業利益率	20%	利益率低下		17%	大幅減益

悪い兆候

F社

	2021年			2023年	
売上高	130	売上減少		100	売上増加
営業利益率	10%	利益率上昇		13%	大幅増益

良い兆候

■ E社は増収増益期（21年〜23年）に利益率が悪化

　E社は増収増益の間に、営業利益率が低下していました。競合激化で、収益基盤は弱くなっていたのです。2024年に減収、大幅減益となり、利益率は一段と低下しました。

■ F社は減収減益期（21年〜23年）に利益率が改善

　F社は減収減益の間に、営業利益率が改善しました。不採算事業を整理するなど、収益力の強化策を実施したためです。2024年に増収、大幅増益となり、利益率は一段と上昇しました。

利益率の差（自動車産業と医薬品産業）

トヨタ自動車（2024年3月期）と中外製薬（2023年12月期）の損益計算書が出ています。

トヨタはG社とH社のどっち？

	G社	H社
売上高	100.0	100.0
営業利益	11.9	39.5

（売上高を100とした比率で表示、営業利益11.9は、営業利益率が11.9%であることを示す）

! ヒント

■ 自動車販売で世界トップのトヨタ自動車

2023年の世界自動車販売台数は、トヨタが1,123万台で4年連続トップでした。2019年にトップだったドイツのフォルクスワーゲンと競い合っていますが、ガソリン車とハイブリッド車で競争優位のトヨタが競り勝っています。

ただし、次世代自動車の最有力候補と考えられている電気自動車（EV）の販売台数で、米国テスラ、中国BYDに遅れをとっていることが課題と考えられます。

■ 中外製薬はスイスの製薬大手ロシュの子会社に

中外製薬は、バイオ技術を活用した世界の創薬最先端である「中分子創薬」で有望なパイプラインを豊富に有します。スイス製薬大手ロシュとの提携も奏功しています。

■ 自動車産業は厳しい競争にさらされている

日本は製造業王国で、自動車、機械、電子部品などで高い競争力を維持してきました。近年その競争力に陰りがあるものの、それでも自動車産業の競争力は秀でています。その頂点に立つトヨタは、日本の製造業の競争優位を象徴する存在です。

そのトヨタでも、営業利益率は10％前後です。自動車産業には世界中で厳しい競争があるからです。世界中で製造物責任が厳しく追及される時代となり、小さな不具合があっても大量のリコールを余儀なくされることがあります。それに加え、次世代自動車を開発するためのコスト負担も重くのしかかります。

自動車は典型的な景気敏感産業で、利益率は安定しません。2008年のリーマンショックのように急激な世界景気悪化があると、赤字になることもあります。

■ 医薬品は特許期間中に高い利益を稼ぐ

医薬品も開発に巨額のコストがかかりますが、画期的新薬の開発に成功すれば、特許期間中は製造販売を独占できるので大きな利益を稼げます。

中外製薬は、バイオ技術を生かした画期的新薬を多く有し、高い利益率をあげています。医薬品産業は全般に高めの利益率を得ています。中外製薬は、中でも群を抜いて高い利益率を稼いでいます。

■ トヨタは次世代自動車で世界トップをとれるか？

トヨタは、次世代自動車で全方位戦略をとっています。EVではやや出遅れていますが、プラグイン・ハイブリッド車や燃料電池車（水素エネルギー車）、EV用の全固体電池の開発では世界トップを走っています。

水素エネルギー車が世界中で普及する時、あるいは全固体電池を使ったEVが実用化される時は、トヨタが世界をリードすると期待しています。

利益率の差（情報通信業と総合小売業）

NTT（2024年3月期）とイオン（2024年2月期）の損益計算書が出ています。

NTTはI社とJ社のどっち？

	I社	J社
売上高	100.0	100.0
営業利益	2.6	14.4

（売上高を100とした比率で表示、営業利益2.6は、営業利益率が2.6%であることを示す）

！ ヒント　NTTとイオン

　NTTには、NTTドコモ・NTTデータなどの高収益子会社があり、NTT東日本と西日本は、日本の通信インフラ（短距離通信網）を実質的に独占しているので、ビジネスの安全性は高い。世界中のどんな企業も日本でネット事業を展開するためにはNTTの通信網を借りる必要があります。

　イオンは総合小売業の勝ち組として、成長するビジネスモデルを確立していると私は判断しています。総合スーパーが、専門店（ユニクロや無印良品など）に押されて衰退したのは過去の話。今は競争力のある専門店はテナントとして取り込み、イオンの巨大なショッピングモールの魅力を高めています。また、ドラッグストアではウエルシア、金融業ではイオンフィナンシャルなどの高収益子会社を持ちます。さらに中国・ベトナムなどアジアでも収益を伸ばしています。

■ 日本の通信インフラを支配するNTTの利益率は高い

　NTT は、日本の通信インフラを支配しているのでビジネスの安全性が高く、利益率も高めです。

　景気変動の影響を受けにくい代表的なディフェンシブ株です。景気が悪くても、通信への需要が減ることは、ほとんどありません。2024 年 3 月期はデータセンターなどの事業が伸び、最高益を更新しました。

■ 総合小売業は利益率が低い

　イオンは、食品・衣料品・生活雑貨など、生活必需品をなんでも取り揃えている総合小売業です。商品の大部分は、単価が低く、利益率の低いナショナルブランド品です。イオンに限らず、大手スーパーや百貨店など総合小売業は総じて、利益率が低くなっています。

　ただし、イオンは総合小売業として生き残り成長するビジネスモデルを確立していると私は判断しています。次の 3 つの成長ドライバーがあり、2024 年 2 月期は営業最高益を更新しました。

⑴総合金融（カード事業）・不動産（テナント収入）・ドラッグストア

　イオンリテール（小売）の利益率は低いものの、金融・不動産・ドラッグストアで利益を稼ぎ、成長させるビジネスモデルを確立。

⑵アジアで成長加速

　2024 年 2 月期の地域別営業利益の約 22.5％を、東南アジア・中国で稼ぐ。今後、アジアがイオンの成長をけん引すると予想。

⑶利益率の高いプライベートブランド品を拡大

　衣料品や食品などで消費者をひきつけるプライベートブランド品を拡大し、小売事業の利益率拡大に貢献している。

17 利益率の差（製造業とサービス業）

　しょうゆ製造最大手キッコーマンと、東京ディズニーリゾートを運営するオリエンタルランドの2024年3月期損益計算書が出ています。

キッコーマンは
K社とL社のどっち？

	K社	L社
売上高	100.0	100.0
営業利益	10.1	26.7

（売上高を100とした比率で表示、営業利益10.1は、営業利益率が10.1％であることを示す）

！ ヒント

■ キッコーマンは海外で成長

　キッコーマンが米国でしょうゆの販売を始めてから60年以上経ちました。米国でしょうゆ味は「テリヤキソース」としてすぐに受け入れられ、今では家庭で普通に使われる万能調味料となりました。

　欧州には各国に独自の食文化が根付いていたため、しょうゆはすぐには受け入れられませんでした。近年の日本食普及によってフランス料理のトップシェフもしょうゆを使うようになり、欧州でもしょうゆ販売が拡大しています。

■ オリエンタルランドはテーマパークで国内最強

　東京ディズニーリゾートは、ユニバーサルスタジオジャパンと並び、テーマパークとして国内最強の競争力を有します。

■ キッコーマンの利益率は高いが、オリエンタルランドほどは高くない

キッコーマンの営業利益率は10.1%。差別化されたビジネス基盤を持つため、食品業としては高い利益率が得られています。

海外で売上を伸ばし、高い利益を得ています。海外メーカーは高品質のしょうゆ製造技術でキッコーマンにかないません。しょうゆはバイオ技術（微生物による醸造）を使って製造します。日本には江戸時代からあった技術ですが、欧米メーカーは簡単にはマネできません。

日本にはキッコーマンに匹敵する技術力を持つライバルがいますが、キッコーマンのように海外展開ができません。しょうゆの海外展開はほぼキッコーマンの独壇場です。

それでもオリエンタルランドほど高い利益率が得られているわけではありません。

■ 料金引き上げができる強み

東京ディズニーリゾートは、デフレ経済下でも料金引き上げを続けられる強みがあります。1983年に3,900円だった大人1日の入園料は、2024年5月には7,900円〜10,900円（変動価格制）となっています。

■ サービス産業のほうが、製造業より利益率が高くなりやすい

製造業は、工場で製品を作って販売します。原材料に加え、工場の人件費、経費が製造原価に入ります。

一方、サービス産業は、サービスを提供して対価を得ます。原材料費がかからない分、製造業より粗利率が高くなりやすいと言えます。

利益率の差（外食業と小売業）

　うどん店の丸亀製麺などを展開するトリドールHDと、家具・住居製品小売りニトリを展開するニトリHDの2024年3月期損益計算書が出ています。

トリドールHDは
M社とN社のどっち？

	M社	N社
売上高	100.0	100.0
売上原価	49.1	24.0
売上総利益（粗利）	50.9	76.0
販売費・一般管理費 等	36.6	71.0
営業利益	14.3	5.0

（売上高を100とした比率で表示）

！ ヒント　外食業と小売業の違い

　小売業は、仕入れた商品を販売します。一方で外食業は、食事を提供する際に、調理・接客・片付けなどのサービスが必要です。

　ニトリHDは、小売業の中では、粗利率が高く、トリドールHDは、外食業の中では、粗利率が高い企業です。

　両社とも人手不足による人件費上昇が販管費の増加要因となっています。

■ 粗利率は、外食業のほうが高い

外食業は、小売業と比較するとより高い粗利率が稼げます。調理やサービス（接客など）によって付加価値を高めやすいからです。

外食業の粗利率は 60 〜 80％が一般的で、トリドール HD の粗利率（76％）は外食業の中でも高水準です。粉もの（うどん、そば、パスタ、お好み焼きなど小麦粉やそば粉を材料に使う料理）は、粗利が高くなります。調理による付加価値が大きいこと、材料の保管が容易で食材ロスが小さくなることが、粗利が高くなる理由です。

■ 外食業は粗利率が高いが、販管費率も高い

外食業は粗利率が高いものの、販管費率も高いため、営業利益率は低くなりがちです。外食業では、売上原価（主に食材費）の他に、さまざまなコスト（人件費・家賃・光熱費など）が発生します。トリドール HD は粗利率は高いのに営業利益率は 5％しかありません。

外食業と比較すると、小売業は相対的に販管費率を低く抑えることができます。小売業でも人件費・家賃・光熱費はかかりますが、外食業より低くなります。ニトリ HD は、粗利率は低くても、営業利益率は 14.3％と、トリドール HD より大幅に高くなっています。

■ ニトリは小売業の優等生

ニトリは小売業の優等生です。高い競争力を有するプライベートブランド品（独自開発の商品）中心の販売で、粗利率が小売業としてはきわめて高い水準です。

小売業の競争力は、差別化されたプライベートブランド品をどれだけ持つかで決まります。ナショナルブランド品（メーカーブランド品）の販売では、高い粗利を稼ぐことができません。

カジュアル衣料品店ユニクロを展開するファーストリテイリング（ファストリ）（2023年8月期）と、家電小売り大手ヤマダ電機を展開するヤマダHD（2024年3月期）の損益計算書が出ています。

ファストリはO社とP社のどっち？

	O社	P社
売上高	100.0	100.0
売上原価	71.5	48.1
売上総利益（粗利）	28.5	51.9
販売費・一般管理費 等	25.9	38.1
営業利益	2.6	13.8

（売上高を100とした比率で表示）

❗ ヒント　粗利率を伸ばす小売業発展の歴史

　小売業のビジネスは、「個人商店」が卸売業者から仕入れたナショナルブランド品を販売することから始まりました。やがてダイエーなどの大規模な「総合小売業者」が、卸売を通さず、生産者から直接仕入れて販売することで粗利率を高めました。その後、ユニクロやニトリが、自社ブランド品の生産を海外の工場に委託し、生産管理・品質管理まで担って全量を買い取る「製造小売業」のビジネスモデルを確立して、さらに粗利率を高めました。

　ユニクロは、中国やベトナムなどの生産者を使って独自開発のプライベートブランド品を生産して販売する「製造小売業」です。ニトリも同じビジネスモデルです。

　一方、ヤマダ電機は、ソニーやパナソニック、日立などのメーカーブランド品（ナショナルブランド品）を中心に売る家電量販店です（近年はプライベートブランド品「ヤマダセレクト」も少しずつ増やしています）。

■ プライベートブランド品はナショナルブランド品よりも粗利率が高い

　ヤマダ電機が扱う家電製品は、衣料品より単価が高いものの、ナショナルブランド品が中心なので粗利率は低くなります。同じ家電製品を競合他社も販売しているので値段のたたき合いになることがあるからです。

　これに対してユニクロのプライベートブランド品は、小売業者が商品開発から生産管理まですべて担い、製品を全量買い取る（返品なし）ため、粗利率が高くなります。また、独自ブランドなので、競合他社と値引き合戦になることもありません。

■ 小売業の進化:粗利を高めるためにビジネスモデルを変えてきた

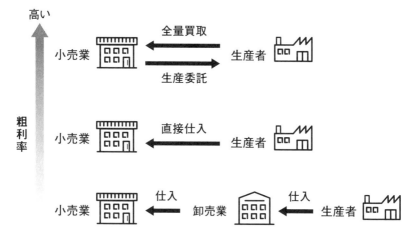

20 利益率の差（ネット販売と有店舗販売）

衣料品通販サイト ZOZOTOWN を運営する ZOZO（2024 年 3 月期）と、衣料品小売業しまむら（2024 年 2 月期）の損益計算書が出ています。

ZOZO は Q 社と R 社のどっち？

	Q社	R社
売上高	100.0	100.0
売上原価	7.0	65.6
売上総利益（粗利）	93.0	34.4
販売費・一般管理費 等	62.5	25.7
営業利益	30.5	8.7

（売上高を100とした比率で表示）

(!) ヒント　ZOZOはネット販売、しまむらは有店舗販売中心

ZOZO の売上のほとんどが ZOZOTOWN など通販サイトでの受託販売です。1,566 店のショップを展開し、さまざまなメーカーのブランド品を販売しています（2024 年 3 月時点）。

しまむらは、全国 47 都道府県に 2,227 店舗を持ち、台湾にも店舗展開しています（2024 年 2 月時点）。ネットでも販売していますが、ほとんどが店舗での販売です。

■ ZOZOは受託販売が中心、粗利率は高い

ZOZO は、さまざまなメーカーのブランド品を通販サイトで販売し、受託販売手数料を得ています。製造販売、買い取り販売も一部行っていますが、その比率は低く、ネットでの受託販売が中心です。自ら仕入れて販売するわけではないので、粗利率は 93.0%と非常に高くなります。

一方、しまむらはナショナルブランド品やプライベートブランド品を仕入れて販売しているので、粗利率は ZOZO ほど高くなりません。

■ ZOZOは配送コストの負担は重いが、営業利益率は高い

ZOZO は、ネット販売で受託販売手数料を取るビジネスが中心なので、営業利益率も 30.5%ととても高くなっています。ただし、販売した商品の配送コストがかかるため、販管費率が 62.5%と高くなります。

一方、しまむらは衣料品専門店の強みを生かした効率的な販売体制を築き、販管費率を 25.7%に抑え、営業利益率 8.7%を確保しています。

■ ネット販売の採算は、配送コスト負担をどう抑えるかがカギ

ネット小売業は、リアル店舗を運営するコストがかからないので、ZOZO のように高利益率を上げやすいです。ただし、ネット小売業が常に利益率が高いわけではありません。戸別配送コストが重いので効率的な配送体制を作れないとコスト割れになります。

実際、有店舗販売を主体とする大手小売業の中には、ネット販売が赤字の会社も少なくありません。

しまむらは、多数のリアル店舗を有する強みを生かし、オンラインストアで注文した商品を店舗で受け取れば送料無料とすることで戸別配送を減らし、配送コストの負担を抑えています（2023 年時点）。

内需産業が海外で成長する時代

大手小売業に、最高益を更新する会社が多数あります。人口が減少する日本で、なぜ小売業が成長するのでしょうか。最高益を更新する小売大手に、以下のような特色があります。

■ (1)海外で成長

小売業がアジアや欧米で成長する時代となりました。特にアジアで成長が加速しています。アジアで富裕層が育ち、消費が安定的に成長する時代となったからです。日本の厳しい消費者に鍛えられた小売業は、アジアでも高い競争力を持ちます。日本のビジネスモデルを現地仕様に修正しながら、ビジネスを拡大させています。

カジュアル衣料品店「ユニクロ」を展開するファーストリテイリングはアジアで利益を成長させています。「セブン‐イレブン」を展開するセブン＆アイHDは、米国でコンビニ事業を成長させています。

■ (2)製造小売業として成長

商品を仕入れて売るだけでは利益を稼ぎにくい時代となったため、小売業が積極的に自社ブランド品を作るようになりました。利益率の低いナショナルブランド品の販売を減らし、自社開発のプライベートブランド品を増やすことで競争力を高め、売上収益を成長させました。商品開発から生産・在庫管理までやるので「製造小売業」とも言われます。住居製品・家具を扱うニトリHDやファーストリテイリングなどが、製造小売業として成長しています。

■ (3)ネット販売で成長

ネット販売が本格成長期を迎えています。MonotaRO、ZOZOなどがネット小売成長企業の代表です。

■ 総合小売業イオンの復活

　百貨店や大手スーパーなどの総合小売業は、ユニクロやニトリなどの自社ブランド品を展開する専門店や、コンビニ・ドラッグストア、ネット小売業に売上を奪われて衰退が続いていました。

　ただし、イオンは総合小売業として競争力を取り戻し、成長するビジネスモデルを確立したと私は考えています。ユニクロなど競争力のある専門店をテナントとして取り込み、家族でくつろげるエンターテインメント空間を作り、衣料品や食料品で魅力ある自社ブランド品を作る戦略が成功。小売業、カード事業、テナント収入の3本柱で稼いで経常最高益を更新しています。ベトナムなどアジアでの収益も拡大しています。

■ インバウンド需要拡大は一巡

　インバウンド（訪日外国人観光客の買い物）需要拡大が小売業の成長に寄与してきました。ただし、継続的成長は見込みにくくなっています。海外旅行に慣れたリピーターが増えるにつれ、日本での買い物は減り、現地での体験（コト消費）にお金をかける傾向が高まるからです。

　観光業の成長は続きそうですが、物販の拡大はあまり見込めません。

■ 内需産業が、海外で成長する時代に

　海外で稼ぐ産業というと、かつて日本では電機（エレクトロニクス）、自動車、機械がその代表でした。自動車や機械は今も高い競争力を有しますが、家電などエレクトロニクス産業は競争力を失いました。

　代わって海外で成長する産業となりつつあるのが、小売り、サービス、外食、食品などの消費関連産業です。いずれもかつては日本国内だけでビジネス展開する内需産業でした。

　海外で和食やラーメンがブームになっている恩恵を受けて、日本の外食業の海外出店が増えています。キッコーマンのしょうゆ、伊藤園の緑茶の海外売上も伸びています。

　消費関連以外でも、金融業や陸運業などの内需産業が、アジアや欧米で利益を成長させる時代となってきました。

バランスシート
を読む

第3章ではバランスシート（貸借対照表とも言います）を学びます。バランスシートを読む最大の目的は、財務内容が「健全か不健全か」知ることにあります。異常な姿のバランスシートを見た時にすぐにわかる眼を持ちましょう。株式投資で必要な最低限の知識です。

　株式投資で、絶対やってはならないことがあります。財務内容の悪い株を買うことです。以下、肝に銘じてください。

 ## これだけは、覚えておこう！

・業績が悪くて株価が下がっている株を買うのは⇒OK
・財務が悪くて株価が下がっている株を買うのは⇒絶対ダメ

　業績は変動します。今期悪くても、来期は良くなるかも。だから、業績が悪くて株価が下がっている時は割安に買うチャンスかもしれません。
　ところが、財務内容は簡単には変わりません。財務がひどい会社は、少しくらい業績が良くなっても財務内容は悪いまま。最悪、破綻してしまうと、株式の価値はゼロになることもあります。だから、業績の悪い株を買うのはOKでも、財務内容がひどい会社を買うのは絶対ダメなのです。
　ところで、皆さんは、「バランスシートのお化け」がでてきたら、アッと驚く眼を持っていますか。バランスシートのお化けとは、財務内容がボロボロ、ひどい状態のことです。普段から、財務諸表を見慣れている人は、見た瞬間にわかります。でも、これから財務諸表の勉強をする人は、ひょっとしたら、驚かないかもしれません。
　第1章のQ4で、バランスシートを読む問題を1つ出しました。第3章では、バランスシートを読む問題をさらにたくさん出します。きちんと理解すれば、株式投資だけでなく、ビジネス全般に役立ちます。決算書くらい読めるビジネスマンになるためにも、まずはバランスシートをしっかり学んでください。

Q 21 資金繰りが大変

業績悪化で株価が急落しているA社とB社。将来の業績回復を見込んで買い出動したい。そこで、バランスシートをチェックしました。自己資本比率はどちらも30%ですが、資産と負債の内訳が違います。

絶対に買ってはいけないのは、どっち？

A社 バランスシート

流動資産 80	流動負債 20
	固定負債 50
固定資産 20	自己資本 30

B社 バランスシート

流動資産 20	流動負債 50
固定資産 80	
	固定負債 20
	自己資本 30

🛈 **ヒント** バランスシートの内訳

- 流動資産：原則1年以内にキャッシュ化できる資産。
- 固定資産：すぐにはキャッシュ化できない土地、建物、機械など。
- 流動負債：1年以内に返済期限がくる負債。
- 固定負債：返済期限が1年以上先の負債。
- 自己資本：返済の必要なし。

■ B社を個人のバランスシートに置き換えてみると……

　企業は資金繰りにつまる（期限までに借金を返済できない）と破綻します。B社のように、流動負債が流動資産よりも多いと、資金繰りが大変です。

　流動資産＝銀行預金、流動負債＝返済期限6カ月後の借金、固定資産＝自宅マンション、固定負債＝住宅ローン（30年返済）とします。すると、一目で「これは大変！」とわかるでしょう。

■ 流動比率（％）＝流動資産÷流動負債×100

　流動比率200％以上ならば資金繰りは安定。流動比率100％以下は資金繰りが大変。

　A社の流動比率＝流動資産80 ÷流動負債20 × 100 ＝ 400％

　B社の流動比率＝流動資産20 ÷流動負債50 × 100 ＝ 40％

破綻直前

C社とD社、破綻直前のJALはどっち？

C社とD社は、どちらも日本航空（JAL）のバランスシート。一方は2009年3月期末、他方は2024年3月期末です。

では、2010年1月に会社更生法を申請することになった日本航空2009年3月期末のバランスシートはどちらでしょう？

C社 バランスシート

流動資産 38.6	流動負債 27.8
固定資産 61.4	固定負債 36.4
	自己資本 35.8

D社 バランスシート

流動資産 27.8	流動負債 37.1
固定資産 72.2	固定負債 51.7
	自己資本11.2

（出所：日本航空2009年3月期有価証券報告書、同2024年3月期決算短信より筆者作成。総資産を100とした比率で表示。固定資産に一部繰延資産含む。純資産＝自己資本として表示）

■ D社は財務に問題あり!

D社の自己資本比率（純資産比率）は11.2%しかありません。また、流動負債（1年以内に返済期限が来る負債）が、流動資産（1年以内にキャッシュ化できる資産）より大きいので、資金繰りに苦労しそうです。

D社流動比率 = 27.8 ÷ 37.1 × 100 = 74.9%

■ C社は財務に問題ありません

C社は自己資本比率が35.8%あり、流動資産が流動負債よりも大きいので財務に問題ありません。

C社流動比率 = 38.6 ÷ 27.8 × 100 = 138.8%

ただし、流動比率は138.8%しかありません。200%を超えるわけではないので、「財務優良」とは言えません。

2010年に破綻した日本航空は、構造改革によって財務や収益力を改善してよみがえりました。ところが、2021年3月期と2022年3月期に新たな試練が待ち受けていました。コロナ禍による航空需要の落ち込みで2期連続の赤字。コロナの影響が低下した2023年3月期から黒字に戻りました。

■ 2009年3月末時点の日本航空は「実質債務超過」

この時の日本航空には「退職給付債務の積み立て不足」が3,315億円ありました。従業員に将来支払うことを約束している年金や退職金に備えるための積立金が3,315億円不足している状態です。

この時の自己資本（純資産）は1,968億円しかありませんでしたから、実質的には自己資本がマイナス（債務超過）でした。

現在の会計基準では、退職給与債務の積み立て不足は、負債としてバランスシートに出す必要があります。ところが、当時の会計基準ではバランスシートに出す必要がありませんでした。

Q 23 流動資産と流動負債

①〜⑩に当てはまる勘定科目はどれ？

次から選んでください。
受取手形、売掛金、買掛金、原材料、支払手形、現預金、仕掛品、
棚卸資産、短期借入金、製品

■ 製造業の流動資産

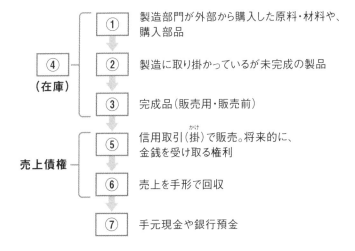

④
（在庫）

① 製造部門が外部から購入した原料・材料や、購入部品

② 製造に取り掛かっているが未完成の製品

③ 完成品（販売用・販売前）

売上債権

⑤ 信用取引（掛）で販売。将来的に、金銭を受け取る権利

⑥ 売上を手形で回収

⑦ 手元現金や銀行預金

■ 製造業の流動負債

⑧ 返済期限が1年以内の借入金

仕入債務

⑨ 信用取引（掛）で仕入。将来的に、金銭を支払う義務

⑩ 対価を手形で支払い

A.23 ①〜⑩に当てはまる勘定科目は、以下の通り

④ 棚卸資産
- ① 原材料
- ② 仕掛品
- ③ 製品

売上債権
- ⑤ 売掛金
- ⑥ 受取手形

- ⑦ 現預金

- ⑧ 短期借入金

仕入債務
- ⑨ 買掛金
- ⑩ 支払手形

　会計はビジネスの言語。言語を学ぶには、最低限覚えなければならない単語があります。上記の勘定科目はきちんと理解して覚えましょう。

■ 運転資金＝棚卸資産＋売上債権－仕入債務

　製造業では、原材料を仕入れ、製造して、販売代金を回収するまでかなりの時間を要します。仕入や生産にかかる現金が先に出ていき、販売代金回収で現金が入ってくるのが後になります。そのため運転資金を短期借入金などで調達する必要があります。

■ いろいろな棚卸資産

　製造業では「原材料」「仕掛品」「製品」が棚卸資産です。流通業では、棚卸資産は「商品」だけです。マンション開発業（不動産）では、「開発用土地」「仕掛販売用不動産」「販売用不動産」が棚卸資産です。

24   在庫は適正？

業績悪化で株価急落のE社とF社。将来の業績回復を見込んで買い出動したい。本決算の発表後に、バランスシートを確認したところ、どちらも自己資本比率は40％で同じですが、流動資産の内訳が違います。

E社とF社、
買うべきでないのはどっち？

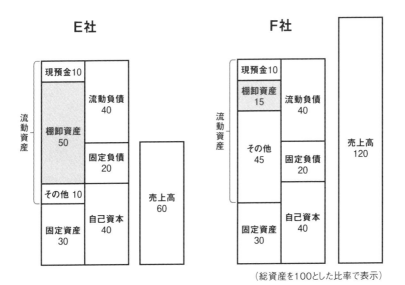

（総資産を100とした比率で表示）

> ## ! ヒント   棚卸資産とは？
>
> 「在庫」とは一般的言い方で、会計用語では「棚卸資産」と呼びます。

■ E社は、在庫が過大

　業種や事業内容によって適正な在庫水準は異なりますが、E社の在庫は明らかに過剰です。月商（1ヵ月の売上）の何倍の在庫を持っているか計算してみてください。

　　平均月商＝売上高60 ÷ 12ヵ月＝ 5
　　在庫（棚卸資産）÷平均月商＝ 50 ÷ 5 ＝売上の10ヵ月分

　年商（1年間の売上高）が変わらないとすると、今ある在庫を売り切るのに10ヵ月もかかります。明らかに多すぎです。

■ 在庫が多すぎる会社は、こんな問題に苦しんでいる可能性も……

⑴大量に売れ残り、「意図せざる在庫」が増加

　在庫が適正水準に減少するまで、製造業ならば減産が必要。工場停止などによって業績がさらに悪化します。流通業ならば、次の流行をとらえるための仕入れができなくなり、売上不振の悪循環が続きます。

⑵不良在庫の発生

　コスト割れまで値下げしないと売れないかもしれません。流行が去って売ることができなければ、廃棄処分が必要です。不良在庫の処分で損失が発生する恐れがあります。

⑶在庫保管コストや借入金の金利負担が業績に悪影響

　在庫調整（在庫を適正水準まで減らすこと）が済むまで業績悪化が続きそう。

■ F社の在庫は適正

　　平均月商＝売上高120 ÷ 12ヵ月＝ 10
　　在庫（棚卸資産）÷平均月商＝ 15 ÷ 10 ＝売上の1.5ヵ月分

　F社は、今ある在庫を1ヵ月半くらいで売り切ることができそうです。おおむね在庫は適正と推定されます。

25

在庫の変化

　業績不振で株価下落の製造業G社。そろそろ買い出動したい。ちょうど第57期決算を発表し、売上高は前期比8.3%減の110億円、営業利益は16.7%減の10億円でした。過去2年（第56期・57期）のバランスシートと業績は次の通り。

新年度(第58期)に業績回復を期待できる?

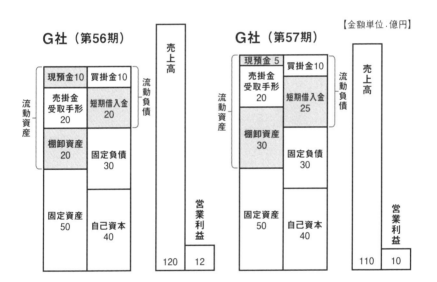

【金額単位・億円】

(!) ヒント　**売掛金、受取手形、買掛金とは?**

・売掛金と受取手形：物は売ったが代金は未回収の部分。企業同士の取引で現金決済は少なく、売掛金として、月末にまとめて受取手形で決済する。受取手形の支払い期日は30〜60日後が多い。

・買掛金：物は買ったけれど、代金未払いの部分。月末にまとめて支払手形を振り出すことが多い。

第3章　バランスシートを読む

■ 在庫（棚卸資産）増加は経営悪化のシグナル

　棚卸資産が 10 億円増加（20 億円→ 30 億円）。そのため、短期借入金
が 5 億円増加（20 億円→ 25 億円）し、現預金が 5 億円減少（10 億円→
5 億円）しています。売上も売上債権も増えていないのに在庫だけ増加
していることから、「意図せざる在庫」「不良在庫」が増えていると考え
られます。

■ 在庫比率が大幅に悪化

　在庫比率（％）＝期末在庫÷売上高× 100 を計算してみましょう。

　第 56 期の在庫比率＝ 20 億円÷ 120 億円× 100 ＝ 16.7％
　第 57 期の在庫比率＝ 30 億円÷ 110 億円× 100 ＝ 27.3％

　在庫比率が 10％以上も上昇。在庫管理に失敗したのは明らかです。
急な売上減少に対応した減産（生産を減らすこと）ができていません。
　今後、在庫を減らすために、減産が必要になるでしょう。工場停止が
あれば、業績が一段と悪化します。在庫調整が済むまで、業績の回復は
期待できません。

■ 新年度の売上高が大幅に増加するならば問題ないが……

　G 社の在庫は、20 億円→ 30 億円と 5 割増加しています。売上が新年
度に 5 割増えることが確実で、それに備えて在庫を意図的に増やしてい
るのならば、問題ありません。
　ただ、それだけ急激な売上の成長が確実ならば、買掛債務や売掛債権
も増えているほうが自然です。在庫だけ大幅に増えているのを見ると、
意図せざる在庫が積みあがっていると判断したほうが良さそうです。
　決算説明会では、在庫の増加要因についてなんらかの説明があるはず
です。企業の HP に出ている決算説明会資料などで確認しましょう。

売上債権の変化

　最近、株価が下がってきた製造業H社の買いを検討しています。ちょうど第24期決算を発表。売上高は前期比横ばいの120億円、営業利益も横ばいで12億円でした。過去2年（第23期・24期）のバランスシートと業績は次の通り。

買い出動する？　それとも見送り？

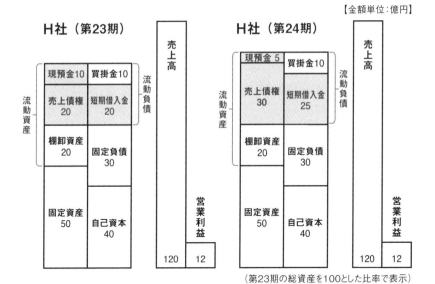

【金額単位：億円】

（第23期の総資産を100とした比率で表示）

売上債権とは?

　現金商売（売上代金を即現金で受け取れる商売）でない限り、売上高に対して一定割合の売上債権（売掛金と受取手形）が発生します。どの位が適正か、業種ごと企業ごとに異なるので一概にはいえませんが、H社はどうでしょう？

■ 売上債権の急増は問題発生のシグナル

　H社は、売上債権（売掛金・受取手形）が10億円増加（20億円→30億円）。そのために、短期借入金が5億円増加（20億円→25億円）、現預金が5億円減少（10億円→5億円）しています。売上も在庫も増えていないのに売上債権が増加するのは変です。売掛金の回収に何らかの問題が発生している可能性があります。

■ バランスシートの変化から「ストーリー」を読み解こう

　いつも商品を渡してから2カ月後には代金を払ってくれていた大口取引先から突然、「今、お金がないので、3ヵ月後まで待ってくれ」と言われたら、どう思いますか。H社は、そんな状況に置かれています。何か良からぬことが起こっている可能性があります。

　(1) 大口取引先の資金繰り悪化か？

　もし取引先の経営状態が悪化しているならば、売掛金が回収できなくなるリスクもあります。

　(2) 販売不振か？

　取引先が販売会社（資本関係なし）の場合、販売不振で在庫が積みあがっている可能性も。販売会社に無理に製品を買い取ってもらったが、売上不振で販売会社の倉庫に製品が眠っているのかもしれません。

■ 決算説明会資料を確認しよう

　悪いことが起きている可能性をバランスシートから読み取ってみましたが、実際に何が起きているか、決算説明会を聞かないとわかりません。

　企業のHPで決算説明会資料を確認しましょう。決算説明会の動画が掲載されていれば視聴しましょう。売上債権増加について、どのような説明がされているか確認してください。決算説明会動画の最後に、アナリストからの質疑応答がある場合は、そこをしっかり聞くことも大切です。H社の売上債権増加は異常なので、質疑に出ているはずです。

Q 27 固定資産と自己資本の中身

次の①～⑦に当てはまる「勘定科目」はどれ？

次から選んでください。

資本金、資本剰余金、その他包括利益累計額、投資等、無形固定資産、有形固定資産、利益剰余金

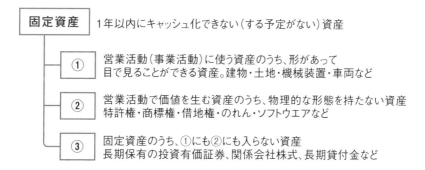

固定資産	1年以内にキャッシュ化できない（する予定がない）資産
①	営業活動（事業活動）に使う資産のうち、形があって目で見ることができる資産。建物・土地・機械装置・車両など
②	営業活動で価値を生む資産のうち、物理的な形態を持たない資産 特許権・商標権・借地権・のれん・ソフトウエアなど
③	固定資産のうち、①にも②にも入らない資産 長期保有の投資有価証券、関係会社株式、長期貸付金など

固定負債	1年以上先に返済期限が訪れる負債 長期借入金・社債・退職給付に係る負債など

自己資本	返済の必要のない資金
④ および ⑤	主に、株主から集めたお金
⑥	主に、過去に稼いだ利益のうち、配当金などで株主に支払わず会社に残した金額。内部留保
⑦	主に、保有する資産の「含み益」。「その他包括利益」として計上した金額の累計。「評価・換算差額」といわれていたことがある

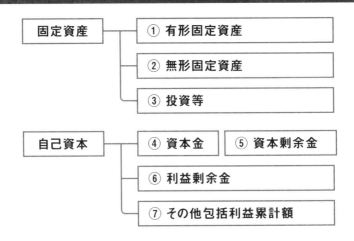

A.27 ①〜⑦に当てはまる勘定科目は、以下の通り

固定資産
- ① 有形固定資産
- ② 無形固定資産
- ③ 投資等

自己資本
- ④ 資本金　⑤ 資本剰余金
- ⑥ 利益剰余金
- ⑦ その他包括利益累計額

■ 無形固定資産に含まれる「のれん」とは?

　I社がJ社を買収したとします。I社が支払う買収金額は、J社の純資産（資産と負債の差額）よりも大きい額となるのが普通です。買収対価のうち、J社純資産を超える額を、会計用語で「のれん」と言います。

買収されるJ社バランスシート（時価評価後）

買収するI社のバランスシートに追加されるJ社の資産と負債

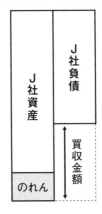

　現金で買収する場合、I社バランスシートからは、買収金額分、現預金が減少し、代わりに、J社資産、J社負債、のれんが追加されます。

Q 28

3つの異なる業種

　以下3つのバランスシートは、大手自動車メーカー、大手テーマパーク運営会社、大手銀行のものです。

　(1)K社、L社、M社は、それぞれどれ？

　(2)この中に、バランスシートを見ただけで「財務内容に重大な問題があるので投資すべきでない」と判断できる会社はありますか？

K社

現金預け金 22	預金 77
貸出金 61	
	その他負債 13
有価証券 13	自己資本 10

有形固定資産 他　4

L社

流動資産
- 現預金 13
- 売掛金 10
- 棚卸資産 17
- その他 10

固定資産
- 有形固定資産 40
- 投資等 10

流動負債
- 買掛金 15
- その他 20

固定負債 30

自己資本 35

M社

流動資産
- 現預金 10
- 有価証券 10
- その他 10

固定資産
- 有形固定資産 60
- 投資等 10

流動負債 15

固定負債 25

自己資本 60

（総資産を100とした比率で表示）

■ 銀行業は自己資本比率10%でも財務に問題なし

K社のような銀行業では、資産に貸出金、負債に預金が入ります。

ところで、多数の店舗を持つ大手銀行で、有形固定資産（建物や土地）がたった4％しかないのは変だと思いませんでしたか。

実はまったく変ではありません。確かに店舗資産は大きいですが、それをはるかに上回る巨額の貸出金や預金があるので、有形固定資産は比率にすると小さくなります。

また、K社は自己資本比率が10％しかないので「財務に問題あり」と思った方はいませんか。銀行業は、BIS基準（国際的な自己資本規制）で計算した自己資本が8％を超えていれば良いとされます。国内だけで業務を行う銀行に対する国内規制では自己資本比率4％以上で良いことになっています。

■ L社は自動車メーカー、M社はテーマパーク運営会社

L社の流動資産（50％）は流動負債（35％）より多く、自己資本比率が35％あるので、財務に問題はないと考えられます。

M社のようなテーマパーク運営会社は現金商売。売掛金や受取手形はほとんどありません。保有する資産は有形固定資産（機械設備、建物、土地）がほとんどです。流動負債（15％）を上回る流動資産（30％）を有し、自己資本比率は60％と高いので、財務は良好と考えられます。

 これだけは、覚えておこう！

自己資本比率だけで財務の良し悪しは判断できません。業種によって適切な比率が異なるからです。金融業は自己資本比率10％でも、不良債権が多くなければ問題なし。ただし、たとえば製造業で自己資本比率が10％しかなかったら、財務は厳しいと見るべきです。

Q 29 ネットキャッシュ

N社とO社、買うならどっち？

ともに PBR 0.5 倍の割安株。バランスシートを見て判断してください。

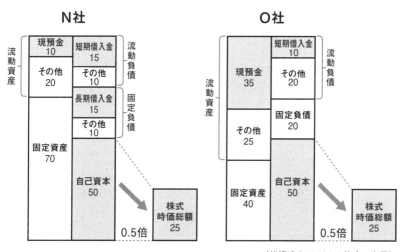

N社

流動資産	現預金 10	短期借入金 15	流動負債
	その他 20	その他 10	
		長期借入金 15	固定負債
		その他 10	
固定資産 70		自己資本 50	

0.5倍 → 株式時価総額 25

O社

	短期借入金 10	流動負債
流動資産	現預金 35	その他 20
		固定負債 20
	その他 25	
固定資産 40	自己資本 50	

0.5倍 → 株式時価総額 25

（総資産を100とした比率で表示）

(!) ヒント　ネットキャッシュに注目

ネットキャッシュ＝現預金－有利子負債（短期借入金、長期借入金など）

・N社ネットキャッシュ＝ 10 － 15 － 15 ＝▲ 20（有利子負債のほうが多い）

・O社ネットキャッシュ＝ 35 － 10 ＝ 25（現預金のほうが多い）

■ O社株は激安。O社事業を実質タダで買収できる状態

　O社の株式時価総額は25です。買収にかかるコストを勘案しなければ、25支払えばO社株を100%取得できます。それしか価値がないと株式市場で低く評価されているわけです。

　ところで、O社には現預金が35あります。25を支払ってO社株を100%取得した後、O社保有現金のうち25を配当金として出すとどうなりますか?

　25を払って株を取得し、25の配当金を受け取れば、実質ただでO社を買収したことになります（配当金にかかる税金を勘案しないベース）。

O社（配当25支払後）

流動資産	現預金 10	短期借入金 10	流動負債
	その他 25	その他 20	
	固定資産 40	固定負債 20	
		自己資本 25	

　こういう激安株が上場していたら、欧米ならば即座に敵対的買収が仕掛けられます。ところが、日本ではなぜか、このような激安株がそのまま放置されています。小型株には、安定的に利益を出しているがまったく成長性が無く、株式市場で人気がないこのような激安株があります。

■ N社は、O社ほど財務良好ではない

　長短借入金が大きいので、N社のような株を割安株とは言えません。

Q 30 自己資本の中身が問題

P社とQ社、どちらも業績不振で株価が下がってきており、そろそろ買ってみようと思っています。自己資本の中身を見て判断してください。

P社とQ社、投資を避けた方が良いのはどっち？

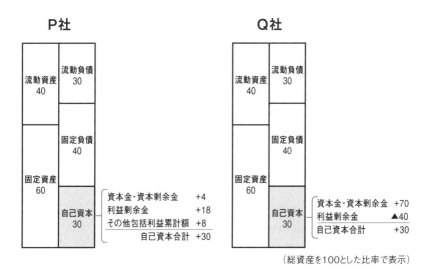

P社

流動資産 40	流動負債 30
	固定負債 40
固定資産 60	自己資本 30

資本金・資本剰余金	+4
利益剰余金	+18
その他包括利益累計額	+8
自己資本合計	+30

Q社

流動資産 40	流動負債 30
	固定負債 40
固定資産 60	自己資本 30

資本金・資本剰余金	+70
利益剰余金	▲40
自己資本合計	+30

（総資産を100とした比率で表示）

(!) ヒント　自己資本の中身に注目

・資本金・資本剰余金＝主に株主より集めたお金
・利益剰余金＝内部留保。利益から配当金などを差し引いた残り
・その他包括利益累計額＝バランスシートの含み益（マイナスならば含み損）

第3章　バランスシートを読む

85

■ Q社の利益剰余金「▲40」は問題

　利益剰余金は、創業以来の「成績表」です。これまで、どれくらいしっかり利益を稼いできたか、稼いだ利益をどれだけ「内部留保」として会社に残してきたかがわかります。

　会社が稼いだ税引後利益から、配当金、役員賞与など社外流出を差し引いて残ったものが、主に利益剰余金となります。利益剰余金が▲40ということは、創業以来まともに黒字を稼いだことがなく、赤字続きで自己資本を減らしてきた会社であることがわかります。

　Q社の資本金・資本剰余金は70もあります。主に株主から集めたお金がたっぷりあるのに、それを利益剰余金▲40で食いつぶして、自己資本比率が30%しかありません。株主の期待を裏切ってきた会社であり、こういう会社には投資すべきでありません。

■ P社は、利益剰余金が「＋18」でまずまずの水準

　P社は、創業以来きちんと利益を稼ぎ、そこから「内部留保」をしっかり残してきたことがわかります。

■ P社はその他包括利益累計額が「＋8」

　バランスシート上に含み益があります。日本企業で多いのは、

(1)その他有価証券評価差額金

　主に、保有する持ち合い株式の評価益。1,000円で買った株が1,500円に値上がりしていれば含み益500円。売却しない限り、売却益とはなりません。税効果を勘案した金額が、「その他包括利益累計額」に入り、自己資本の一部を構成します。値下りして含み損となっている場合は、自己資本のマイナス要素となります。

(2)為替換算調整勘定

　外貨（ドルなど）で購入した海外資産の為替調整額。円安（ドル高）が進めばプラス、円高（ドル安）が進めばマイナス。

賃貸不動産に巨額の含み益

　日本には、保有不動産に巨額の含み益があるにもかかわらず、株価が純資産価値と比べて割安な水準に留まっている銘柄が多数あります。

　含み益とは時価と取得原価の差額です。100億円で買った不動産が120億円まで値上がりすると、帳簿上100億円の不動産に20億円の「含み益」が存在することになります。

〈賃貸不動産の含み益推移：2013年3月〜2023年3月〉

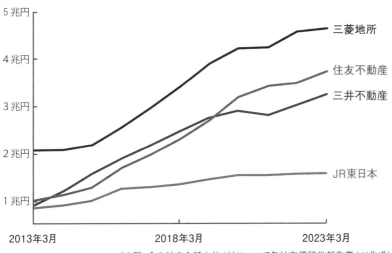

（出所：含み益の金額上位4社について各社有価証券報告書より作成）

国土交通省が発表した2024年1月1日時点の公示地価（全国・全用途平均）は、前年比2.3%の上昇で、33年ぶりの高い伸びでした。国際比較で割安な日本の株価・物価・賃金に加え、地価に上昇の兆しがあります。

〈公示地価（全国・全用途平均）1月1日時点の前年比（%）：1972年〜2024年〉

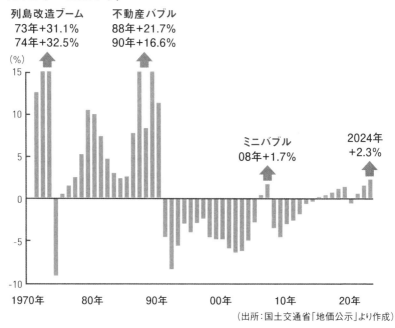

列島改造ブーム
73年+31.1%
74年+32.5%

不動産バブル
88年+21.7%
90年+16.6%

ミニバブル
08年+1.7%

2024年
+2.3%

（出所：国土交通省「地価公示」より作成）

　日本の不動産には、過去50年間に3回、バブルまたはミニバブルと言われたブームがありました。最初は1973年の列島改造ブーム。次が1989〜1990年に生じた過去最大の不動産バブル。最後が2007年の不動産ミニバブルです。

　2016年以降、不動産価格は緩やかに上昇しつつあります。

第 4 章

キャッシュフロー
計算書
を読む

■「黒字倒産」を聞いたことがありますか?

　毎年、損益計算書で黒字を計上していた企業が、ある日突然、倒産してしまうことを言います。そういうこともあります。

　そんなことを聞くと、「損益計算書を一生懸命見ていてもダメ?」と疑問がわきます。その通り。損益計算書だけ見ていてもダメなことがあります。財務に不安がある会社はキャッシュフロー計算書もあわせて見るべきです。

　企業の信用リスク分析（倒産する確率の分析）で、キャッシュフローを見るべきことは、基本中の基本です。会計上の利益が黒字でも、キャッシュフローの赤字が続くと企業はつぶれます。黒字倒産は、キャッシュフローの赤字が続いた結果です。

「会計は意見、キャッシュは事実」という言葉がありますか。会計上の利益は、会計基準によって異なります。日本基準・国際会計基準・米国基準、どれを使うかによって、見かけ上の利益が大きく異なることもあります。ところが、どの基準を使ってもキャッシュフローは変わりません。出ていった現金がいくらで入ってきた現金がいくらか、それがキャッシュフローです。使う会計基準が何であれ、キャッシュは事実です。

　粉飾決算を見抜く最初の一歩も、キャッシュフロー計算書を読み解くところから始まります。損益計算書のイメージと、キャッシュフロー表のイメージが大きく異なる会社は要注意。「営業利益は黒字なのに、営業キャッシュフローが赤字。なぜだろう?」そんなことが5年も続いていたら「これは何かある」と疑った方がいいでしょう。キャッシュの流れを追うことが、企業が隠そうとしている「真の問題」を明らかにする鍵になります。

　いきなり難しい話から始まってすみません。「キャッシュフロー計算書って難しそう」と感じた人もいるかもしれません。それは誤解です。財務3表（貸借対照表・損益計算書・キャッシュフロー計算書）の中で、一番簡単なのがキャッシュフロー計算書です。なぜならば、キャッシュフロー計算書は、私たちが普段つけている「お小遣い帳」や「家計簿」と一緒だからです。キャッシュがいくら入ってきて、いくら出ていったか、それでキャッシュ残高がいくら増えたか減ったか。それがすべてです。

■ キャッシュフロー表を大づかみ（直接法）

本業での現金収入	100億円	売上高（現金回収分）、手数料収入など
本業での現金支出	▲80億円	売上原価（現金支出分）、人件費、経費、金利支払いなど
営業キャッシュフロー	20億円	本業での現金収支

投資活動での現金収入	5億円	投資有価証券の売却代金など
投資活動での現金支出	▲15億円	設備投資、企業の買収資金など
投資キャッシュフロー	▲10億円	投資活動での現金収支

フリーキャッシュフロー	10億円	営業キャッシュフロー ＋ 投資キャッシュフロー

財務活動での現金収入	5億円	銀行借り入れ、社債発行など
財務活動での現金支出	▲10億円	借り入れの返済、社債の償還など
財務キャッシュフロー	▲5億円	財務活動での現金収支

トータルキャッシュフロー	5億円	フリーキャッシュフロー ＋ 財務キャッシュフロー

　企業活動による現金の出入りを上のように、営業キャッシュフロー、投資キャッシュフロー、財務キャッシュフローに分けて集計したものが、キャッシュフロー計算書です。

■ 損益を見ているだけではわからないこと

　近代的な会計ができる前は、商売の成果をはかる物差しとして、キャッシュフロー表しかありませんでした。現金出納帳(げんきんすいとうちょう)と呼んでいたものがそれです。「現金がいくら増えたか、減ったか」、それだけで商売の成果を判断するしかなかったのです。

　ところが、現金出納帳だけでは、商売の真の成果がはかれないのも事実です。同じ現金が出ていくのでも、「商売に使う道具類の購入」で出ていくのと、「毎日の食事代」で出ていくのでは、まったく意味が異なるからです。現金出納帳ではどちらも「現金の減少」としかなりません。

　そのため、近代会計における損益計算書では、異なった扱いになります。「道具類の購入」は「設備投資」なので、費用とはなりません。現金を支払った後も、「道具類」が資産としてバランスシートにきちんと残ります。一方、「食事代」は損益計算書上の費用となります。食事が終われば後に何も残らないからです。

　近代会計の世界では、同じキャッシュの出入りでも、損益に反映するものとしないものをきちんと区分します。こうした近代会計の登場で、人々は損益計算書とバランスシートを知り、原始的なキャッシュフロー計算書だけではわからなかった企業の財務や業績をきちんと分析できるようになったのです。

　ただし、近代会計にも落とし穴がありました。強気の経営で、借金を増やして工場を建てて機械類を買い入れている間、キャッシュフローはマイナスですが、設備投資による現金流出なので損益計算書には出てきません。

　何年も経ってから、強気の設備投資が裏目に出ることがあります。設備過剰で業績が悪化し、設備廃棄が必要になり、一気に経営難に陥ることもあります。会計上の損益だけ見ていると気づくのに遅れます。そんな時でもキャッシュフローの赤字が続いているのを見ていれば、早めに問題に気づきます。

　近代会計学がつくりだした損益計算書とキャッシュフロー計算書は、両方見ることで、より企業の経営実態がわかるメリットがあります。

31 会計上の利益とキャッシュフローの違い

A社の1年間の企業活動（現金の出入り）は、次の通りでした。

今期の当期純利益と
キャッシュフローは、いくら？

次の①②から選んでください。
① 100万円　②▲100万円（赤字）

売上高（現金収入）	1000万円
売上原価と販管費（現金支出）	900万円
期末に業務用パソコンと自動車を購入（現金支出）	200万円

> **! ヒント　ここでちょっと復習**

・売上原価とは、販売した商品（製品）の仕入れ（または製造）にかかったお金。ここでは、すべて現金支出と仮定していますが、実際にはそれはあり得ません。現実では、買掛金・支払手形などもあります。

・販管費とは、販売費および一般管理費のこと。企業の運営にかかるさまざまな費用。人件費・家賃・光熱費など。ここではすべて現金払いと仮定。

・キャッシュフローとは、現金出納帳の収支尻のこと。私たちが、家計簿や小遣い帳をつけるのと一緒です。現金がいくら出ていって現金がいくら入ってきたか、差し引きで現金がいくら増えたか減ったか、それだけです。

■ キャッシュフローは▲100万円

　現金がいくら増えたか減ったかだけを見ていけば OK。売上で現金が 1,000 万円入ってきましたが、商品の仕入れや販売管理費で現金が 900 万円出ていきました。ここまでで現金は 100 万円増えています。

　ところが、期末にパソコンと自動車を現金で購入して現金が 200 万円出ていきました。結局、トータルでキャッシュは 100 万円の減少です。

■ 会計上の利益は＋100万円

　高額の業務用パソコンと自動車購入は設備投資であり、費用ではありません。購入代金 200 万円は損益計算書に出ません。したがって、A 社の会計上の利益は＋ 100 万円です。

■ 家計簿と企業会計の違い

　家計簿（現金会計）ではパソコンや自動車を買っても、食べ物を買って食べてもどちらも現金支出は同じです。

　企業会計では、「パソコンや自動車の購入→設備投資」「食べ物を買って食べたら→費用」と異なる扱いとなります。

■ 損益計算書とキャッシュフロー表を両方見て気づくこと

　A 社は、会計上の利益はプラスでもキャッシュフローはマイナスです。手持ちの現金を減らすか、あるいは借金を増やして投資をまかなう必要があります。「攻めの投資」をしていることがわかります。

　もし A 社が稼いだ利益の範囲内に投資を抑えれば、会計上の利益もキャッシュフローも両方プラス（黒字）となります。「稼いだ利益を超える投資をしない」「借金を増やさない」のは、経営の安全運転です。「攻めの経営か安全運転か」キャッシュフローからわかる重要情報です。

営業キャッシュフローと投資キャッシュフロー

B社の１年間の企業活動は、次のような内容でした。

今期の当期純利益と
キャッシュフローは、いくら？

次の①②から選んでください。① 200万円　② 0円

売上高（現金収入）	1,000万円
売上原価と販管費（現金支出）	900万円
200万円で購入した機械類（簿価200万円）を100万円で売却（現金収入）	100万円

（注）「簿価」とは「帳簿上の価格」＝「バランスシートでの計上額」

! ヒント

■ 営業CF:本業で得られるキャッシュフロー

　たとえば小売業の場合、店舗からあがる収入から、商品の仕入れや販売・管理にかかる支出などを差し引いたものが営業CFです。本業できちんと稼げている会社ならば、営業CFは通常プラスです。

■ 投資CF:設備投資などで出ていくキャッシュフロー

　設備投資や株式などへの投資で出ていくお金が、投資CFのマイナス項目です。企業は将来のために投資し続けるのが普通なので、投資CFは通常マイナスです。ただし、特殊ケースで設備や投資有価証券の売却でキャッシュが増えれば、それは投資CFのプラス項目となります。

■ B社の当期純利益はゼロ

本業の利益（売上高－売上原価と販管費）	100万円
機械類の売却損 （簿価200万円、100万円で売却）	▲100万円
当期純利益	0万円

■ B社のキャッシュフローは200万円

営業CF（売上高－売上原価と販管費）	100万円
投資CF（機械類の売却代金）	100万円
キャッシュフロー合計	200万円

　B社は当期純利益はゼロですが、キャッシュを200万円増やしました。

■ フリーキャッシュフローとは？

　営業CFと投資CFの合計をフリーCFと言います。

　本業で獲得したキャッシュ（営業CF）から将来のための設備投資に必要なキャッシュ（投資CF）を引いた残りが、フリーCFです。企業活動を続ける間、手元に残る「自由に使えるキャッシュ」という意味です。

■ B社は「設備のリストラ」をやっていると考えられます

　B社は売却損を出しながら機械類を売却しています。過剰設備を解消するリストラを実行中と考えられます。

■ キャッシュフローの種類をおさらい

・営業CF：本業で増やす現金（現金が減るならばマイナス）

・投資CF：投資で減少する現金（資産売却で現金が増えればプラス）

・フリーCF＝営業CF＋投資CF

33 財務キャッシュフロー

C社の1年間の企業活動は次のような内容でした。

営業CF、投資CF、フリーCF、財務CFはそれぞれいくら？

次の①〜④から選んでください。

① 20億円　② 10億円　③▲10億円　④▲30億円

売上高（現金収入）	100億円
売上原価と販管費（現金支出）	80億円
設備投資（現金支出）	30億円
銀行借入（現金の増加）	10億円

！ ヒント　財務CFとは？

　企業の財務活動で、得られるキャッシュフローのこと。手元の現金が増える場合、財務CFはプラス、手元の現金が減る場合、財務CFはマイナスになります。

・100億円借金をすると→財務CFは＋100億円
・借金を10億円返済すると→財務CFは▲10億円

■ C社のフリーキャッシュフローは▲10億円

営業 CF（売上高―売上原価と販管費）	20億円
投資 CF（設備投資）	▲30億円
フリー CF（営業 CF と投資 CF の合計）	<u>▲10億円</u>

　フリー CF ▲10億円、つまりキャッシュが10億円足りません。

■ C社は不足したキャッシュを銀行借り入れでまかなった

営業 CF	20億円
投資 CF	▲30億円
財務 CF	10億円
トータル CF（すべてのキャッシュフロー合計）	<u>0億円</u>

　フリー CF のマイナスを財務 CF でまかない、トータル CF はゼロと
しました。借金が10億円増えましたが、現金は増えも減りもしません。
　ここでは売上はすべて現金収入、売上原価はすべて現金支出と仮定し
ています。

 これだけは、覚えておこう！

・経営分析にとって最も重要なのは、フリー CF です。
・単に「キャッシュフロー」といった場合、フリー CF（営業 CF ＋投
　資 CF）のことを意味している場合と、トータル CF（営業 CF ＋投資
　CF ＋財務 CF）を意味している場合があります。文脈によって読み
　分けましょう。

減価償却費の計上

D社保有資産のうち、
減価償却が必要なものはどれ？

D社のバランスシートは次の通り。①～⑥から選んでください。

①現預金　②売掛金　③棚卸資産（在庫）　④建物及び機械装置　⑤土地　⑥投資有価証券

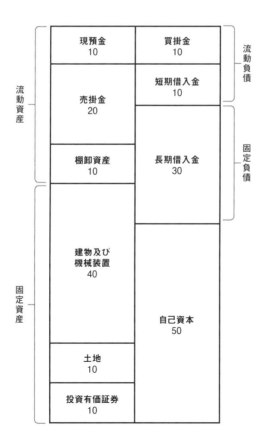

■ **建物及び機械装置は、年とともに価値が減少**

　建物は長い年月使えますが、いずれ老朽化して使えなくなる日が来ます。機械類はフルに使っていれば磨耗などで使えなくなります。物理的には使えても、技術革新による陳腐化で価値がなくなることもあります。使用価値の減少にともなって減価償却費をたてることが必要です。

■ **流動資産、土地・有価証券の扱い**

　流動資産は原則1年以内に現金化できる資産であり、減価償却は不要です。

　土地・有価証券は時間の経過とともに価値が減るものではありません。

　土地や有価証券は価格が上がったり下がったりします。それは市場での評価額が変わるからです。時間の経過とともに古くなって価値が減るわけではないので、減価償却は不要です。

🔑 **ポイント　減価償却とは?**

　年を経るにしたがって価値が低下していく資産には「減価償却」という費用を計上して、帳簿上の資産価値を減らしていきます。たとえば、耐用年数が10年の資産が100億円ある場合、毎年10億円の減価償却費を10年間計上します（定額法を使う場合）。

35 借金の返済

E社（製造業）の1年間の企業活動は、次のような内容でした。

営業CF、投資CF、フリーCF、
財務CF、トータルCFはいくら？

それぞれ次の①～⑤から選んでください。

① 60億円　② 40億円　③ 30億円　④ 20億円　⑤▲ 30億円

売上高（現金収入）	100億円
売上原価と販管費（現金支出）	80億円
設備投資 機械類の購入（現金支出）	10億円
簿価30億円の賃貸ビル売却（現金収入）	50億円
減価償却費（会計上の費用、現金支出なし）	5億円
銀行借入を返済（現金減少）	30億円

（注）「簿価」とは「帳簿上の価格」＝「バランスシートでの計上額」

🔑 ポイント **キャッシュフローの符号（＋−）を間違えないように**

・企業の手持ち現金が増えるならば→プラス

・企業の手持ち現金が減るならば→マイナス

・営業CF：本業で現金を稼ぐとプラス、現金を減らすとマイナス

・投資CF：設備投資をして現金を減らすとマイナス、投資した資産を売却して現金を増やすとプラス

・財務CF：借金をして現金を増やすとプラス、借金を返済して現金を減らすとマイナス

・フリーCF ＝営業CF ＋投資CF

・トータルCF ＝営業CF ＋投資CF ＋財務CF

　売上高100億円から売上原価と販管費80億円を差し引くと、20億円現金が増加したこがわかります。営業CFは20億円です。

　投資CFは通常マイナスになるのですが、今期は設備投資額より、投資回収額（ビル売却）のほうが大きいため、投資CFがプラスです。投資CFは40億円です。

設備投資　機械類の購入（現金支出）	▲10億円
賃貸ビル売却（現金収入）	50億円
投資での現金増加	<u>40億円</u>

　また、銀行借入の返済で現金が30億円減少していますので、財務CFは▲30億円です。

営業CF	20億円
投資CF	40億円
財務CF	▲30億円
フリーCF（営業CF＋投資CF）	60億円
トータルCF（営業CF＋投資CF＋財務CF）	<u>30億円</u>

　E社は本業で20億円現金を増やし、投資でも40億円現金を増やしましたので、フリーCFが60億円ありました。ただし、財務活動（借入返済）で現金を30億円減らしたので、トータルCFは30億円のプラスでした。今期、最終的にバランスシート上の現預金を30億円増やしました。

■ 減価償却費はキャッシュフローに影響せず

　減価償却費は、会計上の費用で現金の支出はありません。損益計算書では費用として計上されますが、キャッシュフロー表には出ません。

36 攻めの経営vs守りの経営

F社、G社の1年間の企業活動は、以下の通りです。

F社

売上高（現金収入）	1,000億円
売上原価と販管費（現金支出）	800億円
減価償却費	50億円
設備投資（現金支出）	50億円
銀行借入返済（現金の減少）	100億円

G社

売上高（現金収入）	1,000億円
売上原価と販管費（現金支出）	800億円
減価償却費	50億円
同業他社を100％買収（現金支出）	1,500億円
銀行借入（現金の増加）	1,500億円

F社、G社のキャッシュフロー表は、①、②どっち？

①

営業CF	200億円
投資CF	▲1,500億円
フリーCF（営業CF＋投資CF）	▲1,300億円
財務CF	1,500億円
トータルCF（フリーCF＋財務CF）	200億円

②

営業CF	200億円
投資CF	▲50億円
フリーCF（営業CF＋投資CF）	150億円
財務CF	▲100億円
トータルCF（フリーCF＋財務CF）	50億円

■ F社とG社は、営業利益、営業CFが同じ

F社もG社も、営業利益150億円、営業CF200億円は同じです。

営業利益 ＝ 売上高 － 売上原価・販管費 － 減価償却費

       ＝ 1,000億円 － 800億円 － 50億円

       ＝ 150億円

営業CF ＝ 売上高 － 売上原価・販管費

      ＝ 1,000億円 － 800億円

      ＝ 200億円

■ G社は攻めの経営、同業他社買収は巨額の設備投資と同じ

G社は1,500億円という巨額のお金を投じて同業他社を買収しました。これは1,500億円の設備投資と同等の効果があります。したがって投資CFは▲1,500億円と、巨額のマイナスとなります。

製造業の場合、生産能力を拡大するために、工場を建設して生産設備を購入して従業員を雇うのには、多大な時間とコストがかかります。それよりも、同業他社を買収してその工場を取り込んだほうが、一気に能力を大幅拡大できるメリットがあります。G社は、巨額のM＆Aによって、勝負に出ました。成功すれば成長が加速します。ただし失敗すると財務に大きな傷を負うことになります。

■ F社は守りの経営、設備投資は営業CFの範囲内

対照的なのがF社です。設備投資は50億円と、営業CF200億円の範囲内に収めています。そのため、フリーCF150億円が得られています。フリーCFを使って、借金100億円を返済しました。

成長のための攻めの投資をしているわけではなく、財務改善を進める「守りの経営」を行っていることがわかります。

H社と I 社の経営戦略はそれぞれ ①②のどっち？

① 業績不振から、設備投資を凍結、資産を売却して事業を縮小することによって収益の改善をはかっている。

② 急成長を見込んで積極投資しているが、今のところ成果が出ていない。見込みが外れて業績が落ち込むことがないか注意が必要である。

H と I 社の過去 3 年のフリー CF は次の通りです。

H社	2022 年度	2023 年度	2024 年度
営業 CF	10 億円	10 億円	10 億円
投資 CF	▲ 40 億円	▲ 50 億円	▲ 40 億円
フリー CF	▲ 30 億円	▲ 40 億円	▲ 30 億円

I 社	2022 年度	2023 年度	2024 年度
営業 CF	▲ 20 億円	0 億円	10 億円
投資 CF	10 億円	10 億円	10 億円
フリー CF	▲ 10 億円	10 億円	20 億円

■ H社は、積極投資を続けているが、まだ成果が出ていない

　３年にわたって営業CFを大幅に上回る設備投資をしてきるものの、営業CFはまったく増えていません。そのため、フリーCFの赤字が続いています。積極投資が裏目に出ることがないか、今後、注意が必要です。

　ただし、先行投資期間が非常に長く、まだ先行投資期が続いているならば問題ありません。積極投資の成果がいつ頃出るのか、会社の中期計画に誤算がなかったか、チェックが必要です。強気の投資をしてきたのが、見込み外れだった可能性もあります。

■ I社は、リストラで収益を改善させている。

　I社の2022年度営業CFはマイナスでした。本業でキャッシュを稼げていないので、このままではビジネスが持続できません。構造改革によってキャッシュを稼ぐ力を回復させる必要があります。

　I社は2022年度から３年続いて、投資CFがプラスです。３年間ほとんど設備投資をしないで、構造改革していることがわかります。土地・建物・投資有価証券などを売却して現金を捻出して、業務を縮小していることがわかります。保有資産の減少が続いていますので、このままだと、縮小均衡におちいる可能性があります。

　明るい兆しとしては、当初赤字だった営業CFが黒字転換しています。リストラで固定費を縮小させた効果が出ています。これで何とか、生き残りの目処はついてきたところでしょうか。

38 キャッシュフローに表れる経営戦略

　以下6社（J～O社）はいずれもトータル CF はゼロです。ただし、営業 CF、投資 CF、財務 CF の内訳がすべて異なります。

　キャッシュフロー表から読み取れる J～O社の経営戦略を、①～⑥の選択肢から、それぞれ1つずつ選んでください。

【単位：億円】

	J社	K社	L社	M社	N社	O社
営業CF	+10	+10	+20	▲20	▲10	▲10
投資CF	+10	▲20	▲10	+10	+20	▲10
財務CF	▲20	+10	▲10	+10	▲10	+20
トータルCF	0	0	0	0	0	0

①	資金繰り対策	本業で失ったキャッシュを、 資産売却と借金で得たキャッシュで穴埋め
②	財務内容改善	本業で稼いだキャッシュと資産売却で得たキャッシュで、 借金を返済
③	事業のリストラ	資産売却で得たキャッシュを使って 本業で失ったキャッシュを穴埋めしつつ、借金を返済
④	成長志向	本業で稼いだキャッシュと、借金で得たキャッシュで、 設備投資を実施
⑤	堅実経営	本業で稼いだキャッシュで、 設備投資をしながら、借金も返済
⑥	借金頼み	借金を増やして得たキャッシュで 本業で失ったキャッシュを穴埋めしつつ、設備投資も実施

いかがですか。上記の表を完全に理解できれば、あなたはキャッシュフロー表の達人です。

	営業CF	投資CF	財務CF	とっている経営戦略
J社	＋	＋	－	② 財務内容改善
K社	＋	－	＋	④ 成長志向
L社	＋	－	－	⑤ 堅実経営
M社	－	＋	＋	① 資金繰り対策
N社	－	＋	－	③ 事業のリストラ
O社	－	－	＋	⑥ 借金頼み

■ 営業CFマイナスの会社は要注意

もし、あなたが、上の6社にお金を貸しているとして、貸金が焦げ付くリスクが高いと感じるのは、どの会社ですか。

営業CFがマイナスの会社は注意しましょう。M社、N社、O社は、本業でキャッシュを減らしているので、先行きが心配です。マイナスが1年で済めば問題ありませんが、何年も続くようでしたら、その原因をしっかり調べる必要があります。

39

倒産リスク

新興マンション開発業者Ｐ社とＱ社の2008年度（2009年3月期）まで4期の営業利益と営業キャッシュフローが出ています。

2008年中に倒産したのは、どっち？

【単位：億円】

P社

	2005年度	2006年度	2007年度	2008年度
営業利益	+700	+600	+120	▲80
営業CF	+350	+150	0	+400

Q社

	2005年度	2006年度	2007年度	2008年度
営業利益	+100	+120	+600	+700
営業CF	▲250	▲330	▲550	▲1,000

🔑 ポイント　不動産ミニバブル崩壊

2007年まで国内で「ミニバブル」と言われる不動産ブームがありました。不動産価格がどんどん上がりマンション販売は絶好調でした。ところが2008年に「リーマンショック」と言われる大不況が起こると不動産価格は急落。途端にマンションも売れなくなり、大量の不良在庫を抱えた上場マンション開発業者が破たんしました。

■ 見るべきはキャッシュフロー

　企業は、借金を期限までに返済できないと倒産します。倒産リスクの分析では、キャッシュの出入りを追っていくことが大切です。Q社の営業CFを見ると、4期連続の赤字で、赤字額がどんどん拡大しています。2008年度には倒産リスクが高いことが、ありありとわかります。

■ 営業利益はあてにならない

　Q社は、2008年に実際に倒産したマンション開発業者と近い内容で作成しました。倒産直前まで4期連続の営業増益で、最高益を更新中でした。これが、「黒字倒産」の典型的パターンです。

　マンションブームが続く中、急成長を狙い、借金をどんどん増やしながら土地の仕入れを増やし、新規マンションを大量に建設していたところで、突然ブームが終焉。売れ残ったマンション在庫が急増し、資金繰りが悪化しました。営業利益が黒字なのに、営業CFが大幅な赤字になっているのは、在庫急増によるものです。

■ 早めに在庫削減に動いたP社は難を逃れた。

　P社は別のマンション開発業者です。4期連続の営業減益で、2008年度には、営業赤字に落ち込みました。マンションブームの終焉で、業績が悪化しています。ただし、急成長を狙った無理な拡大をしていなかったこと、早めの値引き販売で在庫削減に動いたことから、営業CFは、大幅黒字です。財務の健全性を維持しています。

 これだけは、覚えておこう！

　営業利益が黒字でも営業CFが赤字の会社は要注意。営業CFの赤字が何年も続く会社には、投資すべきでない。

営業利益と営業CFの違い

R社の2年間の企業業績の概要は、次の通りです。

2024年度の営業CFが
マイナスに落ち込んだ原因は何？

次の①〜④のうち、考えられるものをすべて選んでください。

①売掛金の増加

②在庫（棚卸資産）の増加

③利息支払額の増加

④税金支払額の増加

R社

	2023年度	2024年度
売上高	100億円	100億円
営業利益	10億円	10億円
営業CF	10億円	▲10億円

■ 営業CFの赤字は要警戒シグナル

　営業利益がプラスなのに営業CFがマイナスになる時は、要注意です。何か本業で問題が起こっている可能性もあります。特に注意を要するのは、売掛金と在庫（棚卸資産）の増加です。R社のバランスシートが以下のように変化しているとしたら問題です。

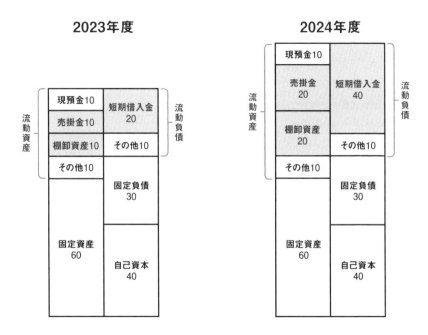

　売上高が増えていないのに、売掛金や棚卸資産が2倍になっているのは不自然です。売掛金の回収に問題が発生している可能性があります。また、見込みで仕入れた商品、あるいは見込みで生産した製品が売れず、不良在庫が増えている可能性もあります。

　このように営業CFの悪化は要注意シグナルです。ただし、売上高が2倍になって売掛金や棚卸資産が2倍になるのは問題ありません。

Column 4　トヨタvsテスラ

■ EV市場で遅れをとるトヨタ

　日本は自動車王国です。トヨタ（証券コード7203）はガソリン車やハイブリッド車で世界トップの競争力を持ち、世界の自動車市場を席捲しています。

　日本は自動車関連産業でもトップクラスの実力を持ちます。産業用ロボットでファナック（6954）、自動車部品でデンソー（6902）、モーターでニデック（6594）、自動車用鋼板で日本製鉄（5401）などです。

　ところが、日本の自動車関連株の株式市場での評価はあまり高くありません。次世代車の最有力候補と考えられているEV（電気自動車）で世界トップを取れていないからです。EV販売台数で中国のBYD、米国テスラに遅れをとっています。

〈トヨタとテスラの株価の月次推移：2020年5月〜2024年3月〉

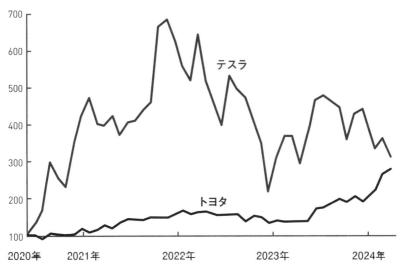

（注：2020年5月末の株価を100として指数化）

■ テスラの評価にも変化が

2021 年には、世界中で ESG 投資（サステナビリティを重視する投資戦略）が大流行しました。その結果、トヨタ株が低迷し、テスラ株が急騰しました。

テスラ株の時価総額は一時、日本円換算で 150 兆円を超え、トヨタ自動車の 4 倍以上となりました。明らかに過大評価でした。

テスラ株への評価が変わったのは 2022 年です。

2022 年は米国で深刻なインフレが起こり、ドル金利が大きく上昇しました。そのため、株式市場では PER（株価収益率）で高く評価されてきたネット関連や EV 関連の成長株が売られる一方、エネルギー関連株が大きく上昇しました。この流れの中で、テスラ株は急落しました。

消費者がテスラ車を見る目にも変化がありました。以下 3 つが影響しました。

⑴高額なテスラ社も頻繁に値下げするように…

2023 年以降、高額だったテスラ車も頻繁に値下げをするようになりました。値下げは普及に必須とは言え、値下げが続くことで中古車価格が下がることが嫌気されました。

⑵充電時間が長い・充電インフラが不十分

⑶極寒に弱い　ヒーターを使うと電費が低下する

寒冷地では、電池をヒーターで温めないと充電性能が落ちます。寒冷地ではヒーターを使う必要があるために、電費（電気 1 kWh 当たりの走行距離）が著しく低下します。

2023 〜 2024 年にかけて、EV の評価が低下する中、経済性に優れ、性能の良いハイブリッド車の人気が世界中で高まりました。こうした変化を受けて、ハイブリッド車で世界トップの技術を持つ、トヨタ株が見直されて上昇しました。

■ 今後の自動車市場の行方

過大評価の修正局面にある EV ですが、次世代エコカー候補の筆頭と

して有望であることに変わりありません。EV が抱える問題は、将来的に解決される可能性があります。

　EV が高額という問題は、かつてハイブリッド車が抱えていた問題と同じです。量産化が進むにつれてハイブリッド車は価格が低下して大衆車として普及しました。EV もそうなると考えられます。

　EV の充電時間が長いという問題は致命的です。ただし、将来、全固体電池 EV が実用化されれば、その問題は解消します。トヨタは、EV 用全固体電池の開発で先行しています。

　充電ステーションが少ない問題は、将来、EV が大衆向けに普及すれば解決するでしょう。大衆車がガソリン車から EV にシフトすれば、今あるガソリンステーションがそのまま充電ステーションに転換されるでしょう。

　とはいえ EV が抱える問題の解決には、まだかなり長い年月がかかると考えられます。EV の欠陥が改善されるまで、ハイブリッド車、プラグイン・ハイブリッド車の果たす役割は大きくなると考えています。

　トヨタは、ガソリン車・ハイブリッド車で世界トップを走るだけでなく、燃料電池車（水素自動車）や EV の開発も進めています。全方位戦略で未来に備える、トヨタに期待しています。

高配当利回り株
の選び方

株は値上がり益で稼ぐと思い込んでいる人が少なくありません。発想を転換してみましょう。今の日本株には、値上がりはあまり期待できなくとも、安定的に高い配当利回りを期待できる銘柄が増えています。

〈東証の平均配当利回りと長期金利（新発10年国債利回り）推移〉

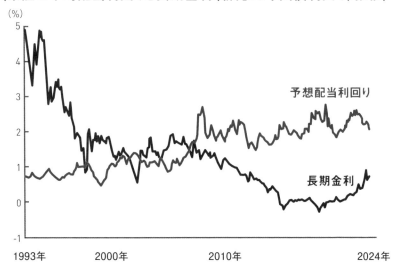

　昔の日本株は、配当ではなく値上がりを狙って買うものでした。1993年頃、東証一部の平均配当利回りは1％もありませんでした。当時、長期金利が5％近くあったことを考えると、株の利回りは低すぎて話になりませんでした。ところが、その後長期金利が下がり続ける中で、日本株の利回りは上昇し続けました。財務内容・収益力の向上した日本企業が、株主への利益配分を増やし続けた効果が出ています。

　ただし1つ注意が必要です。株の配当利回りは、確定利回りではありません。業績が悪化して減配になれば、利回りが低下します。株価が大きく下がる可能性もあります。単に予想配当利回りが高い銘柄を選ぶのではなく、長期的に保有して減配になりにくい銘柄を選ぶことが大切です。

Q 41 ＮＴＴ株ｖｓ高利回り債券

投資するなら①②どっち？

① NTT 株：予想配当利回り 3.4%（2024 年 5 月末）
②円建て債券：償還まであと 1 年、予想利回り 10%

！ ヒント

■ 高配当利回り株への投資は公共株から

公共株とは、電力・ガス・電鉄・通信など公共サービスを提供する会社の株のことで、ビジネスの安定した高配当利回り株が多数あります。

電力株は、世界各国で配当利回りの高い公共株の代表ですが、日本は例外です。日本の電力株は、非稼働の原発を抱えるコスト負担で財務が悪化し、配当魅力が低下しています。日本では、NTT など通信株が配当利回りの高い公共株として評価できます。

■ 公共株が高配当利回り株となりやすい理由

公共株にはあまり成長性がありません。公共サービスを独占しているものの、料金が規制されていて、料金の引き上げで高い利益を出すことはできません。そのため公共株が成長株として人気化して株価がどんどん上昇していくことはありません。

ただし、ビジネスの安全性・安定性は抜群です。赤字を出して財務が悪化すると、公共サービスの提供に支障をきたすので、そうならないように常に一定の利益が確保できるように料金が設定されます。

その結果、成長株として人気化することはない公共株ですが、公共サービスの独占で収益やキャッシュフローが安定していて、高配当利回り株となりやすいのです。

第5章 高配当利回り株の選び方

■ NTTはディフェンシブな高配当利回り株

　NTTは財務良好、収益基盤の安定的な高配当利回り株として長期投資して良いと思います。NTTは、相対的にリスクが低い株です。高成長は見込めませんが、ビジネスは鉄壁で、日本の通信インフラを支配している強みがあります。安価に通信網を開放する義務があるので、大儲けできませんが、安定的に収益が得られます。2024年3月期は営業最高益をあげました。

　NTTには、NTTドコモ、NTTデータなどの高収益の子会社があります。そのため、NTTの連結営業利益率は、安定的に14%近くの高い水準を保っています。

■ 1年で利回り10%の債券には投資すべきでない

　債券投資にも、さまざまなリスクがあります。代表的なリスクは、信用リスク（破綻すると元本が棄損）、金利上昇リスク（金利上昇時に値下がりするリスク）、流動性リスク（売りたい時に売れないリスク）などです。

　デリバティブ（先物・オプション・スワップなど）を使って、さらに複雑なリスクを負っている債券（仕組債）もあります。

　1年で10%のリターンは、相当高いリスクを負わないと得られません。どんなリスクがあるか理解しないまま投資すべきでありません。きちんと理解したらおそらく「そんなリスクが高い債券には投資すべきでない」という結論になるでしょう。

　2008年9月、米国の大手投資銀行リーマン・ブラザーズが経営破綻し、世界中で株が暴落しました。リーマンショックと言われる危機の勃発です。

　同社が発行していたサムライ債（円建て外債）はデフォルト（債務不履行）となり、日本の個人投資家にも大きな損失が生じました。

　退職金の大半をリーマン債に投資していた人もいました。円建ての債券だったため、確定利回りと誤認して大金を投じてしまったのでしょう。

　次の日本の電力会社2社のバランスシートをご覧ください。予想配当利回りは、電力A社が3.3%、電力B社が3.0%です。

高配当株として長期投資に適しているのは、A社とB社どっち？

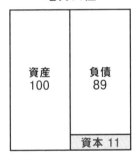

（総資産を100とした比率で表示）

 ポイント **日本の電力株の評価**

　私はファンドマネジャー時代、日本の電力株すべてを高配当利回り株として高く評価していました。世界トップクラスの送配電・発電技術を持ち、大規模停電をほとんど起こさずに電力インフラを守ってきていたことを評価していました。

　ところが、2011年の東日本大震災で原発事故が起こってから、電力各社の収益・財務は傷み、高配当利回り株として評価できない銘柄が増えました。

　B社は自己資本比率が36％で財務的に問題なく、高配当利回り株として長期投資していって良いと判断できます。

　一方、A社は自己資本比率が11％と低く、財務面で見劣りするので、投資は避けたほうが無難だと思います。

■ B社は中部電力（証券コード9502）と似た内容のバランスシート

　2024年5月時点で筆者が投資して良いと判断する電力会社は、中部電力のみ。収益力と財務内容を総合的に評価して選別しています。

　非稼働原発を抱える電力各社の財務は傷み、中部電力以外は連結自己資本比率が10～30％に低下。3割を超えているのは中部電力の36.4％（2024年3月末）だけです。

　日本では、エネルギー価格の急騰によって、2022年3月期と2023年3月期に電力産業が巨額の赤字を計上しました。これは日本特有の現象です。日本以外の国では、電力インフラを守るため、燃料価格が上昇した時は速やかに電力料金の引き上げを認め、電力産業の財務が傷まないようにしています。

　ところが日本では、コストアップに料金の引き上げが追い付かず、電力産業が巨額の赤字を計上しました。

　日本にも「燃料費調整制度」があり、通常だと料金の引き上げが遅れて実現し、翌期の大幅な黒字で利益を取り返すことができます。ところが、日本では利益を完全には取り戻すことができません。

　原因は2つあります。まず個人向けの規制料金に上限価格があること。上限を超えて燃料価格が高騰すると電力料金に転嫁できずに、電力産業の負担となります。

　さらに、日本卸電力取引所での電気の市場価格が急騰したことも、電力各社の負担となりました。燃料費調整制度が、卸電力の高騰を考慮して調整される仕組みになっていなかったからです。規制緩和で新規参入した電力事業者の中には、これが原因で破綻したところもありました。

43 営業利益率が高い高配当利回り株

JT（2024年12月期）、NTT（2025年3月期）、JR東海（2025年3月期）、東京電力HD（2025年3月期）の売上高と営業利益、配当利回りの予想値が出ています（2024年5月末時点）。

C・D・E・F社はどの会社？

	C社	D社	E社	F社
売上高	100.0	100.0	100.0	100.0
営業利益	35.3	23.0	13.8	2.7
予想配当利回り	0.9%	4.4%	3.4%	0.0%

（出所：売上高を100とした比率で表示。営業利益は2024年5月末時点の市場予想。予想配当利回りは、1株当たり年間配当金会社予想を2024年5月末株価で割って算出）

! ヒント **日本国政府が大株主だと株主への利益配分に積極的**

JTは財務大臣（保有比率37.57%）、NTTも財務大臣（同34.72%）が筆頭株主です。日本国政府が大株主の銘柄は株主への利益配分に積極的で、配当利回りが高くなる傾向があります。

上場しているJR4社はかつて国有鉄道でしたが、今は完全民営化されて政府の保有はありません。

■ 営業利益率が35%と高いJR東海

　新幹線事業は、利益率が高いことに加え、成長性も見込める有望事業です。ただし、JR東海は配当利回りが低いので、高配当利回り株としての投資対象にはなりません。

　JR東海への投資を考える際に注意が必要なのは、リニア中央新幹線の工事が静岡県でストップしていること（2024年5月時点）です。当初は開業時期を、品川―名古屋間が2027年、大阪までを2037年としていましたが、2027年の品川―名古屋間開業は間に合わないと断念しました。

　大阪までつながれば、東海道新幹線の補完だけでなく航空の代替需要が盛り上がる期待もあります。将来的には、リニア新幹線事業の海外展開も考えられます。早期の工事再開が望まれます。

■ JTとNTTは、配当利回りと利益率が高い

　JTは配当利回りが高く、利益率も高いので、高配当投資の候補となります。ただし、不安材料が2つあります。それは、同社のロシア事業の先行きと、次世代タバコのシェア争いです（2024年5月時点）。

　ロシア経済と日米欧経済の分断が深まる中で、ロシア事業から撤退を余儀なくされる場合には、JTに大きな減損が発生して、減配になるリスクもあります。また、次世代タバコで米フィリップモリスの「アイコス」に競り負けていることも不安材料です。

　NTTは営業利益率が高く、配当利回りも魅力的で、長期投資の対象として良いと判断しています（2024年5月時点）。

　東京電力HDは無配で、配当利回りで投資する対象とはなりません。

Q 44 金利上昇メリット株

配当利回りが高い日本製鉄、ソフトバンク、エネオスHD、三菱UFJフィナンシャル・グループ（三菱UFJ FG）の予想配当利回りが出ています（2024年5月末時点）。

金利が上昇すると業績が良くなる株はどれ？

証券コード	銘柄名	予想配当利回り
5401	日本製鉄	4.7%
9434	ソフトバンク	4.6%
5020	エネオスHD	2.7%
8306	三菱UFJ FG	3.0%

出所：配当利回りは1株当たり配当金（2025年3月期会社予想）を2024年5月末株価で割って算出

念のため、ここに出ているソフトバンクは、親会社のソフトバンクグループ（9984）ではありません。子会社の携帯電話会社です。

ポイント 金利上昇に強い高配当利回り株に分散投資

金利が上昇すると、それを嫌気して下がる株がたくさんあります。借金をしてビジネスを展開している企業は、支払い金利負担が重くなります。そのような中で、金利上昇を好感して上昇することの多い「金利上昇メリット株」に分散投資しておけば、リターンを安定させる効果があります。

どんなに減配リスクの低い銘柄を選んでも、減配リスクをゼロにはできません。なるべくたくさんの銘柄に分散投資すべきです。

第5章　高配当利回り株の選び方

　日本の銀行株は、金利の動きにきわめて敏感です。金利が上昇すると株価が上昇し、金利が低下すると株価が下落する傾向が顕著です。

〈三菱UFJ FG株と長期（10年）金利の動き：2016年1月〜2024年5月〉

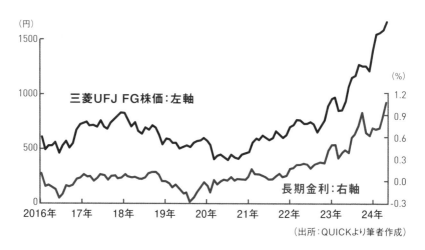

（出所：QUICKより筆者作成）

　財務良好、海外での事業展開が進んでいる日本の3メガ銀行グループに、配当利回りの高い金利上昇メリット株として、分散投資していく価値は高いと判断しています（2024年5月時点）。

■ 銀行業の収益の源泉は「預貸金利ザヤ」

　日本の銀行の収益は、長期（10年）金利を長年にわたり0％近くに固定してきた日銀のイールドカーブ・コントロール政策（YCC）によって痛めつけられてきました。YCCによって預貸金利ザヤ（預金と貸付金の利回りの差）が継続的に低下してきたため、国内商業銀行業務の収益低迷が続いてきました。

　ところが、2024年に入ると風向きが変わり、インフレ率上昇を受けて日銀は金利正常化（上昇の容認）に動いています。

景気敏感株とディフェンシブ株

次の20銘柄、
①〜③のどれに当てはまる？

①景気敏感株　②ディフェンシブ株　③どちらとも言えない。

（ヒント：32ページの「業種分類表」を参考にしてください）

証券コード	銘柄名	業　種	予想配当利回り
1605	INPEX	鉱業	3.1%
1928	積水ハウス	建設	3.5%
2503	キリンHD	食料品	3.3%
3050	DCM　HD	小売（ホームセンター）	2.9%
2914	JT	食料品	4.4%
3289	東急不動産HD	不動産	2.9%
4188	三菱ケミカルHD	化学	3.9%
4502	武田薬品工業	医薬品	4.7%
5020	エネオスHD	石油精製	2.7%
5108	ブリヂストン	タイヤ	3.1%
5401	日本製鉄	鉄鋼	4.7%
6301	小松製作所	機械	3.6%
7267	本田技研工業	自動車	3.8%
7751	キヤノン	電機	3.3%
8053	住友商事	総合商社	3.2%
8306	三菱UFJ FG	銀行	3.0%
8766	東京海上HD	保険	2.9%
9101	日本郵船	海運	3.2%
9432	NTT	情報通信	3.4%
9433	KDDI	情報通信	3.3%

（出所：予想配当利回りは、2024年5月末時点。1株当たり2024年度年間配当金・会社予想を5月末株価で割って算出）

第5章　高配当利回り株の選び方

127

銘柄名	景気敏感／ディフェンシブ
INPEX	①景気敏感
積水ハウス	③どちらとも言えない 住宅マンション販売には波があり、景気とは異なる波である。
キリンHD	②ディフェンシブ
DCM HD	②ディフェンシブ
JT	②ディフェンシブ
東急不動産HD	③どちらとも言えない 賃貸事業はディフェンシブ、不動産開発は景気敏感。
三菱ケミカルHD	①景気敏感
武田薬品工業	②ディフェンシブ
エネオスHD	①景気敏感
ブリヂストン	①景気敏感

銘柄名	景気敏感／ディフェンシブ
日本製鉄	①景気敏感
小松製作所	①景気敏感
本田技研工業	①景気敏感
キヤノン	①景気敏感
住友商事	①景気敏感
三菱UFJ FG	③どちらとも言えない 1990年代は景気敏感、近年はディフェンシブ。
東京海上HD	③どちらとも言えない 損害保険業はディフェンシブ、保有株式値動きの影響大。
日本郵船	①景気敏感
NTT	②ディフェンシブ
KDDI	②ディフェンシブ

「どちらとも言えない」に挙げた4社を「景気敏感」「ディフェンシブ」のどちらかに入れても誤りではありません。現実には、景気敏感とディフェンシブの中間型企業が多数あります。また、過去には景気敏感だったが、今はディフェンシブと移り変わる企業もあります。

　上記の解答は、あくまでも私個人の考えによるものです。他の考え方もあります。たとえば、ホームセンター（カーマ・ダイキ・ホーマック・ケーヨーなど）を運営するDCM HDを私は「ディフェンシブ」に分類しました。日用品の取り扱いが多く、景気の影響をあまり受けないと判断しています。ただし、耐久消費財など景気の影響を受ける商品の取り扱いもあるという理由で「景気敏感」に分類しても、間違いとは言えません。

Q 46 財務や収益力がよくわからない時の対処法

G社、H社、I社、どれも予想配当利回りは 4.2％ です。

1つを選んで長期投資するなら、どれ？

関連情報	G社	H社	I社
(a)株　価	500円	2,500円	1,000円
(b)1株当たり配当金 　（今期会社予想）	21円	105円	42円
予想配当利回り (b)÷(a)×100	4.2％	4.2％	4.2％
株式時価総額	120億円	680億円	12兆円
収益力	安定	よくわからない	よくわからない
財務内容	よくわからない	良好	よくわからない

　すべてわかったうえで投資できることはめずらしく、わからないことがあるまま、リスクを適切に管理するのが株式投資です。

　財務分析に十分に時間をかけられないまま、投資判断して動かなければならないこともあります。十分に時間があって、しっかり財務分析してもなお、わからないことはたくさんあります。一見すると財務良好だが、実は不良資産を抱えているケースもあります。反対に財務の良くない会社が実は巨額の含み益を抱えていて財務優良ということもあります。

第5章　高配当利回り株の選び方

　時価総額12兆円、超大型株であることがI社を選ぶ理由です。高配当利回り株を選ぶ際、以下3つの条件をすべて満たせば、最高です。

　⑴時価総額が大きい、⑵収益力が安定的、⑶財務良好

　ただし、現実には、そんな完璧な高配当利回り株はありません。条件の良い銘柄ほど、予想配当利回りは低くなります。何か少し足りない銘柄のほうが、予想配当利回りは高くなります。

　実際に投資銘柄を選ぶ時は、⑴だけを満たす銘柄を選んでもOK。I社のように時価総額10兆円超ならば、収益力も財務も問題ないでしょう。

　予想配当利回りの高い銘柄から、減配リスクの低い銘柄をしぼりこむ際、時価総額が大きい（たとえば5兆円超）という条件だけで選んでも、まあまあ良い銘柄を選んでいると言えます。

　収益力や財務に問題があれば、株価が上がらず、時価総額が5兆円まで拡大することはありません。つまり、時価総額が大きい銘柄を選べば、自動的に収益力や財務の面でも、ある程度良い銘柄を選ぶことになります。

　時価総額3兆円以上でも、1兆円以上でも、それなりに良い銘柄を選べます。時価総額のハードルを下げたほうが、利回りの高い銘柄を選びやすくなりますが、収益の安定性に少し疑問符のつく銘柄も入ってきます。

🔑 ポイント　高配当利回り株の選び方

・時価総額5兆円以上から選ぶだけでも良い

・時価総額のハードルを低くするほど利回りの魅力は高まるが、収益力や財務のチェックが必要になる。

配当利回りの高い小型株の選び方

製造業J社、K社、L社はすべて予想配当利回りが4.2%です。

1つを選んで長期投資するなら、
どれ？

関連情報	J社	K社	L社
予想配当利回り	4.2%	4.2%	4.2%
株式時価総額	280億円	780億円	820億円
営業利益率	8%	18%	1%
自己資本比率	8%	78%	52%
最高益をあげた年度	2000年度	2007年度	1990年度

　3社とも株式時価総額が1,000億に満たない小型株です。時価総額1兆円以上の大型株ならば、財務も収益力もそれなりに良好だと考えて良いですが、時価総額1,000億円以下の銘柄の場合は、そうはいきません。財務内容や収益力をきちんとチェックする必要があります。

■ 3社とも小型成長株ではない

　小型株に、2種類あります。成長を期待して買う「小型成長株」と、割安な株価を評価して買う「小型割安株」です。

　3社とも、小型成長株ではありません。最高益をあげた年度が古い（2000年度・2007年度・1990年度）からです。成長のためのビジネスモデルができていないことになります。

　それでも3社とも、予想配当利回りが4.2％と高いので小型割安株である可能性があります。割安株として評価して良いか判断するために、財務内容と収益力のチェックが必要です。

■ K社は自己資本比率78％、営業利益率18％

　K社の自己資本比率は78％ときわめて高いので、財務に問題はないでしょう。

　また営業利益率は18％なので、収益力もまあまあ良いと考えられます。収益力について、本当はたった1つの期だけでは判断できません。少なくとも4〜5年の営業利益利率の変動を見る必要がありますが、ここでは1つの期だけで推定しました。

■ J社は自己資本比率が低すぎて危険

　J社の営業利益率は8％とまあまあ良い水準ですが、自己資本比率が低すぎます。過去に問題があって、財務がかなり悪化しています。

■ L社は営業利益率が低すぎる

　L社は自己資本比率が52％あるので財務良好と推定されますが、営業利益率が低すぎます。利益率1％では、景気が悪化した時に、赤字に転落することもあります。

48

配当利回りの高い5銘柄へ分散投資

予想配当利回りの高い5銘柄ポートフォリオのMとN。

買うなら、どっち？

ポートフォリオM

No	業種	予想 配当利回り	時価総額	自己資本 比率
1	銀行	5.9%	3025億円	9.4%
2	不動産	5.3%	542億円	25.6%
3	専門商社	5.2%	1929億円	58.2%
4	建設	4.8%	601億円	17.9%
5	証券	4.8%	2160億円	7.8%

ポートフォリオN

No	業種	予想 配当利回り	時価総額	自己資本 比率
1	食料品	4.8%	7.8兆円	54.1%
2	医薬品	4.4%	6.8兆円	45.5%
3	総合商社	3.7%	4.2兆円	37.4%
4	メガ銀行	3.5%	10.2兆円	16.2%
5	情報通信	2.9%	11.3兆円	43.0%

（実在する銘柄をモデルとして作成。メガ銀行の自己資本比率はBIS基準ベース）

■ Nは時価総額がすべて4兆円以上、業種のバランスが良い

　ポートフォリオNは、日本を代表する超大型株ばかり。財務や収益力に大きな問題はないと考えられます。

　メガ銀行の自己資本比率（BIS基準）が16.2％と低く見えますが、問題ありません。銀行業はBIS基準で自己資本比率が8％以上あれば問題ないとされます。BIS基準で16.2％あるので、銀行業としては財務良好と判断されます。実際にこのメガ銀行は、株主への利益配分の一環として、自社株買いを積極的にやっています。自己資本にゆとりがある証です。

　さらに、5つの異なる業種に分散されています。総合商社は景気敏感株ですが、食料品・医薬品・メガ銀行・情報通信の4銘柄はディフェンシブ株です。配当利回りの高いディフェンシブ株を中心とした、業種分散の効いた、良いポートフォリオです。

■ Mは時価総額が小さい銘柄ばかりで、業種のバランスが悪い

　ポートフォリオMについても、きちんと財務分析すれば問題ない銘柄もあると思います。ただし、財務について詳しい情報がわからない以上、時価総額の小さい銘柄には不安があります。

　銀行・不動産・専門商社・建設・証券の5業種に分散していますが、どれも利益が不安定な業種です。メガ銀行・大手不動産・大手総合商社ならば収益が安定しますが、小規模の銀行・不動産・専門商社は安定しません。建設業も証券業も利益は安定的とは言えません。

　このクイズを作ってから3ヵ月後、ポートフォリオMの銀行から、赤字・無配に転落すると発表がありました。米国のオフィスローンに多額の貸倒引当金の計上が必要になったためです。予想配当利回り5.9％だったのに、いきなり無配となったため、株価は発表の翌日33％下落しました。時価総額の小さい高配当利回り株には、このようにさまざまなリスクがあります。

配当性向の違い

　成長性に乏しいものの、予想配当利回りが4％と魅力的なO社とP社。利益は安定的で、ほぼ毎期、純利益で1,000億円前後を出し続けてきました。

O社とP社、買うならどっち？

	O社	P社	備考
売上高	1兆円	1兆円	売上高「トップライン」ともいう
(a) 純利益	1,000億円	1,000億円	最終利益「ボトムライン」ともいう
(b) 発行済株式総数	10億株	10億株	普通株式の総数
(c) 1株当たり利益 (a)÷(b)	100円	100円	最終利益を発行済株数で割って求める
(d) 1株当たり配当金	30円	98円	普通株式1株当たりの配当金額
(e) 株価	750円	2,450円	東京証券取引所で売買された価格
予想配当利回り (d)÷(e)×100	4%	4%	1株当たり配当金を株価で割って求める
配当性向 (d)÷(c)×100	30%	98%	利益の何％を配当金として株主に支払っているかを示す。1株当たり配当金を1株当たり利益で割って求める。

（注）売上高・純利益は連結ベース

（!）ヒント　**配当性向（連結ベース）とは?**

　連結純利益の何％を配当として株主に支払っているか示します。日本企業の平均は約30％。株主への利益配分に積極的な会社ほど、高くなります。ただし、あまりに高すぎると問題もあります。

■ P社は配当性向が98%と高すぎ。要注意

「株主への利益配分に積極的」という点は良い→◎

「減益になると減配となりやすい」点が要注意→×

　P社は1株当たり利益100円のうち98円と目一杯に配当を出しています。もし1株当たり利益が90円に減ると、配当金は90円以下に減らされるリスクが高いです。利益剰余金があれば、1株当たり利益を超える配当（タコ配）も一時的に可能ですが長く続けることはできません。

■ O社は配当性向が30%で平均的

「株主への利益配分方針は平均的」で積極的とは言えない→△

「減益になってもすぐ減配になることは少ない」点は良い→○

　株主への利益配分方法として、配当金のほかに、自社株買いもあります。配当金が必ずしも多くなくても、自社株買いをたくさんする企業は、株主への利益配分に積極的と言えます。

■ JTは配当性向を約75%とする方針

　高配当利回り株として知られる　JT（日本たばこ産業）は、配当方針として、「配当性向75%を目安（±5%程度の範囲内で判断）」と掲げています（2024年5月時点）。

「株主への利益配分にきわめて積極的」点が評価できる→◎

「配当性向70～80%」が目安、大きく減益すると減配も→×

■ O社のほうがPER（株価収益率）で割安

　O社 PER ＝ ［株価750円］ ÷ ［1株当たり利益100円］ ＝ 7.5倍

　P社 PER ＝ ［株価2,450円］ ÷ ［1株当たり利益100円］ ＝ 24.5倍

50 Jリートへの分散投資

Jリート「投資法人」の仕組みを
表しているのは、QとR、どっち？

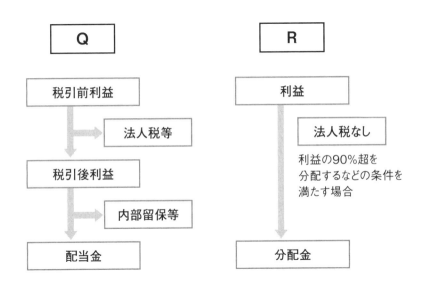

Q	R
税引前利益	利益
→ 法人税等	法人税なし
税引後利益	利益の90%超を分配するなどの条件を満たす場合
→ 内部留保等	
配当金	分配金

(!) ヒント　**リートとは？**

　東京証券取引所に上場し、取引時間中は、株と同じようにいつでも売買することができる投資商品に、リート（REIT：Real Estate Investment Trust：不動産投資信託）があります。

　Jリート（東証に上場している日本のリート）の平均分配金利回りは2024年5月末で4.6%。東証プライム市場の平均2.2%と比べて、高水準です。

　Jリートの利回りが高いのは、一般の「株式会社」とは異なる「投資法人」という形態をとっているからです。

■ Ｊリートの平均利回りが高い理由

　株式会社の場合、利益からまず法人税が差し引かれます。さらに内部留保等が引かれ、残った分が配当金として株主に支払われます。

　これに対し、Ｊリートでは、利益の原則90％以上が法人税なしで、投資主（投資家）に支払われます。利益から差し引かれるものが少ない分、Ｊリートのほうが利回りが高くなります。

■ 不動産への小口投資を可能にしたリート

　リートとは何か、よくご存じない方もいらっしゃると思いますので、基礎的なことを説明します。リートは、不動産への小口投資を可能にした「不動産投資信託」です。

　個人投資家が不動産に投資する場合、ワンルームマンションからアパート１棟までさまざまな投資対象がありますが、かなり大きな金額が必要です。資金規模の制約から、個人投資家が直接投資できる対象は限られます。ただし、リートを通じて投資すれば、都心一等地の大型ビルに投資することもできます。

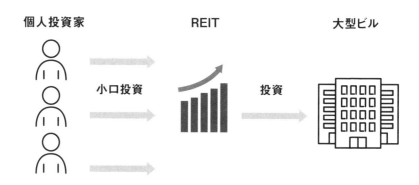

　一等地の大型ビルにテナントが集中し、競争力のないビルからテナントが流出する「不動産の二極化」が顕著にみられる時代になりました。投資するならば、一等地の大型ビルに投資したいと考えます。

　ところが、リートが普及するまで、一等地の大型ビルに投資するには

何百億円という規模の資金が必要でした。個人投資家の不動産投資では、小口で投資できるマンションなどが中心になり、大型ビルへの投資は困難でした。

　リートの普及によって、状況が変わりました。今では、小口資金でも、リートを通じて、大型ビルに投資することもできるようになりました。

　リートは証券取引所に上場されていて、一般の株式と同じように売り買いすることができます。最低売買単位での投資額は、10万円以下から100万円超までいろいろあります。リートは日本にも海外にもありますが、東京証券取引所に上場しているリートをJリートと呼んでいます。

■ Jリート投資の参考銘柄

（分配金利回り・最低投資額は2024年5月末時点）

コード	銘柄名	主な投資対象	分配金利回り （年率：会社予想）	最低投資額 （円）
8951	日本ビルファンド投資法人	オフィスビル	4.3%	587,000
8952	ジャパンリアルエステイト投資法人	オフィスビル	4.7%	518,000
3269	アドバンス・レジデンス投資法人	住宅・マンション	3.7%	323,500
3281	GLP投資法人	物流施設	4.4%	130,500
3292	イオンリート投資法人	商業施設	5.0%	133,200
8963	インヴィンシブル投資法人	ホテル・ リゾート施設	5.2%	68,300

（注）分配金利回りは1口当たり分配金（会社予想）を価格で割り、年率換算して求める。

　Jリートには、さまざまな種類があります。もともとは、ビルやマンションなどの不動産に投資するファンドだったのですが、近年は、利回りが稼げるさまざまなものに投資されています。たとえば、GLP投資

法人は、物流施設に投資しています。Eコマースの拡大によって、近年、物流業界は繁忙が続いており、物流リートは良好な業績が続いています。

■ 予想分配金利回りは高いほど良いわけではない

前ページに、代表銘柄の予想分配金利回りを掲載しました。3.7%〜5.2%まであります。

この表を見る時に気を付けていただきたいことがあります。予想分配金利回りは高ければ高いほど良いというわけではありません。オフィス・リートを例にして、説明します。

オフィスビルへの投資の利回りは、都心一等地が低く、地方に行くほど高くなります。都心のビルは、テナントが退出しても、立地が良く競争力があるので、すぐに代わりのテナントが入ります。安定的に収益を稼ぎ続ける期待がある分、利回りはやや低めになります。

ところが、地方都市のビルは、テナントが退出すると簡単には代わりのテナントが見つかりません。地方都市では賃貸料に引き下げ圧力が働きやすく、収益は不安定になります。そうしたリスクを織り込んで価格がつくため、地方の不動産は相対的に利回りが高くなります。

前ページの、日本ビルファンド投資法人は、三井不動産が運用している旗艦ファンドです。ジャパンリアルエステイト投資法人は、三菱地所が運用している旗艦ファンドです。どちらも、都心一等地の優良物件を中心に組み入れられています。予想分配金利回りが4%台であれば、投資価値は高いと判断します。

株主優待５つのポイント

個人投資家に株主優待はとても人気です。優待好きの投資家は、短期的な株価変動に一喜一憂せず、株主優待を楽しみながらじっくり長期投資するのが良いと思います。

ただし、優待投資とは言っても株式投資です。最低限知っておいた方が良いことがあります。以下の５つのポイントを肝に銘じてください。

⑴大きく下落する銘柄は「売り」

優待の魅力に惹かれて投資する人の一部に、業績や財務、株価をまったく見ない人がいます。投資した後、業績や財務が悪化して大きく下落する銘柄は売却すべきです。

一時的に業績が悪化しているだけならば気にする必要はありませんが、構造不況に陥ってリストラを始めた銘柄や、財務が傷んだ銘柄は売るべきです。

と言われても、「一時的に悪化しているのか構造的にダメになったのかわからない」という人も多いと思います。そういう人にオススメなのは、機械的な損切りルールです。次のようなルールに沿って投資すると良い結果につながると思います。

〈リスク管理のための損切りルール〉
投資した銘柄が、買い値より20％以上、下がったら売却

株価が買い値より20％以上も下がるということは、その銘柄は何か構造的な問題を抱えているかもしれません。20％の損切りルールを持っておけば、半値になるまで放っておくことを避けられます。

20％下がったところが大底でそこから反発する銘柄も、もちろんあります。そういう銘柄は「売らなければ良かった」と後悔するかもしれません。

私はファンドマネジャー時代に、損切りしてから株価が反発しても後悔することは一切ありませんでした。20%下がってから反発する銘柄より、20%下がってそこから下げが加速する銘柄の方が、はるかに多かったからです。

20%も下がる銘柄を買ってしまったら、いったん売却して頭を冷やしてから、別の有望銘柄を見つけて投資したほうが良い結果につながります。

⑵配当利回りと優待を両方見て、総合的に有利な銘柄を選ぶ

一部の個人投資家に、配当金より贈り物（株主優待）を好む傾向があります。度が過ぎると、非合理な行動につながります。いくら優待品が魅力的でも、配当利回りが低すぎると、総合的に見てメリットが小さくなります。

⑶優待は廃止されることもある

株主優待を実施するかどうかは、経営者の考え次第です。

小売り・外食・食品・サービス・電鉄・航空などの消費関連企業に、自社製品や自社サービスを優待に提供するケースが多いのは、株主を潜在的なお客さまと捉えて自社の宣伝をしている面があります。

また、優待を通じて個人株主を優遇することによって、個人株主数を増やすことを目指している企業もあります。

経営者の考え方の変化によっては、優待が廃止されることもあります。

自社商品と無関係の優待を提供する企業は、その可能性が高いと言えるでしょう。また、業績悪化が理由で、優待が廃止されることもあります。

⑷最小投資金額で多数の銘柄に分散投資するのが有利

株主優待制度は、小口投資家を優遇する内容となっています。したがって、効率良くいろいろな優待を取得するためには、最小売買単位（100株）で多数の銘柄に分散投資するのが有利です。

⑸使わない優待券は売却も検討

　優待券には、通常、有効期限（１年くらい）があります。「ぜひ使い
たい」「使いやすい」ものから選び、期限切れを起こさないようにしま
しょう。

　「食品詰め合わせ」などが贈られる優待なら無駄になりませんが、有効
期限付きの割引券や金券は、期限切れになることもあります。

　人気の株主優待券であれば、ネットあるいはチケットショップで売却
できることもあります。使うあてがないならば、売却を検討してみるの
が良いでしょう。

第 6 章

儲かる株、
損する株を見抜く

■ 投資経験を積むと必ずぶつかる問題を集めました

　最終章には、皆さまが投資家として独り立ちする前に知っておいて
ほしいと思うことを、すべて盛り込みました。解き方がわからなかった
り、難しく感じる問題は飛ばして OK です。

　たとえば、Q59・Q60で「のれん」の問題を出しています。これから
財務諸表の勉強を始めようと思っている方に解いていただくのに相応し
くない難問かもしれません。「ちょっとしんどそう」と思うようでした
ら、今すぐに読まなくても大丈夫です。

　とはいえ、「のれん」は、企業分析する時にひんぱんに出会って悩む
問題です。だから、ここで掲載しました。

　今すぐ勉強する必要はありません。株式投資を始めて、いろいろな企
業の決算説明会資料を見ているうちに「のれん」の話が出てきたら思い
出してください。

　「そういえば、株トレにのれんのクイズ出ていたな」と思い出した時
に、改めて本書を開いて、「のれん」について勉強してくれれば OK で
す。

　第5章までにも難問はありました。しんどいと感じるところは飛ばし
てください。投資経験がない人が投資理論を学んでいてしんどくなるの
は、個別企業の事例を知らなすぎるからです。英単語をいっさい学ばな
いうちに、英語の文法を学んでいるようなものです。

　実際に投資を経験して、いろいろな銘柄がいろいろな材料で急騰した
り急落したりするのを見てから本書を読めば、今までわからなくて苦労
していたところもすんなりわかるはずです。

　本書は、投資をしながら何度も開いて学ぶのに適しています。投資経
験を積むにしたがって、繰り返し開くたびに理解が深まっていくのがわ
かると思います。

AI関連小型株のテクニカル分析

　東証グロース市場に上場しているA社株を3,000円で100株買うと、すぐ急騰して5,300円をつけましたが、その後2,765円まで急落。

A社株をここからどうする？

①〜③から選んでください。①買い増し　②様子見　③売り

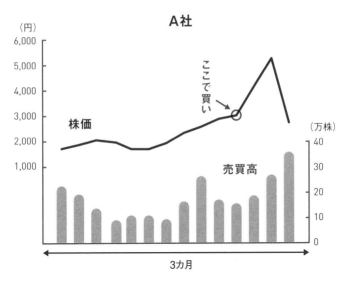

A社

（円）

株価

ここで買い

（万株）

売買高

3カ月

■ A社への期待

　A社株を買ったのは、AI（人工知能）を活用した画期的な医療サービスを開発中で、そのリリースが近いという発表があったからです。その後サービスはリリースされましたが、株価は急落。専門家から「画期的な医療サービスとして高く評価できる」とコメントが出ています。

■ 三十六計逃げるにしかず

　A社は実在の会社で、この後、株価は549円まで下落します。画期的な新サービスを出したには違いないものの、利益を生まず、業績低迷が長期化しました。

　ただし、そうしたことがすべてわかるのは、新サービスをリリースしてから2年が経ってからです。新サービスを出した直後は、まったく利益を生まないサービスになるということがわかりませんでした。

　小型成長株への投資には、当たり外れがあります。当たれば株価が倍以上に上昇するが、外れると半値以下になる銘柄もあります。ファンダメンタルズを一生懸命分析しても、未来を正確には予測できません。

　小型成長株投資で大ケガしないためには、ファンダメンタルズ分析だけでなく、テクニカル分析も駆使すべきです。株価に強い売りシグナルが出ている時は、チャートに従うべきです。

■ テクニカル分析は、大衆の英知の結集

　もし、あなたがビルの階段を上っている時、上からたくさんの人が恐怖の表情を浮かべて階段をかけ下りてきたらどうしますか。

　なんだかわからないけれど、何かの危険が迫っていると考えて、一緒に階段をかけ下りるのではないでしょうか。チャートで売るとはそういうことです。

　A社の株価チャートは、ちょうどそのような状態。急落している時に売買高が急増しています。多くの人が大あわてで逃げてきていることがわかります。ここで買い向かう（階段をのぼっていく）のは危険すぎます。

　株価はここからさらに大きく下がる可能性があるので売るべきです。損切りも利益確定も関係ありません。危険を避けるのが最優先です。

　「専門家が画期的な医療サービスとして高く評価」とありますが、こういう時の専門家コメントは、信頼できません。専門知識のない大衆投資家が野性のカンで売っている事実のほうが重要です。

52

不祥事で下落

　東証プライム市場上場のB社は、先進的な手術用医療機器で世界シェア8割の成長企業。成長株として100株保有していましたが、長年におよぶ不正会計が発覚し、株価は急落。500円で損切りし、その後253円まで下落しました。それからB社は経営刷新し、1年以上過ぎました。業績が改善、成長期待から株価が536円まで上昇してきました。

B社株をここからどうする？

①買い　②500円に買い指値（500円まで下がったら買う）
③様子見　④空売り（信用取引で売り）

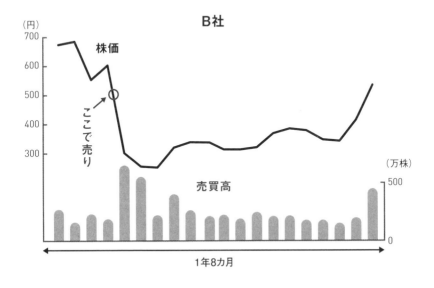

■ チャートを見ると良い買い場

　B社は実在の会社で、この後、株価は 2,000 円以上まで上昇します。株価チャートを見ると、売買高が大幅に増加しつつ、株価が急上昇しています。たくさんの投資家が今こそ買いと考えて買っているようです。株価はまだ 536 円と低い水準なので、ついていっても面白いと思います。

　経営刷新で不正会計を乗り越え、再び成長企業として期待できるようになってきたと考えられます。

■ 過去の買い値や売り値は忘れる

　過去に 500 円で売っているので、過去の売り値より高いところでは買えないと思った方もいるかもしれません。株価は既に 536 円まで上昇しているので、「500 円まで下がったら買い」と思いませんでしたか。

　初心者は、過去の買い値や売り値にこだわって、投資判断を誤ることがあります。過去の買い値や売り値は忘れて、今の株価で買うべきか売るべきかだけ考えるようにしましょう。それが上級者への道です。

■ テクニカルの売買シグナルは必ず当たるとは限らない

　チャートに売りシグナルや買いシグナルが出ていないかを見ることは大切です。ただし、シグナル通りに売買したからといって、必ず株価がシグナル通りに動くとは限りません。

　テクニカル分析で売買シグナルと言われるものは、当たる確率が 7 割あれば立派なものです。外れる確率も 3 割くらいはあるわけです。それでも、ファンダメンタルズだけではなく、チャートも観察して、勝率を少しでも高める努力はすべきです。

Q 53 半導体製造装置メーカー、買うのはまだ？

　東証プライム市場に上場している半導体製造装置C社は、半導体不況で今期は▲20％の営業減益となる見通しです。業績悪化を嫌気して、株価は下落が続いていました。

　ところが、足元、株価が急反発。経営説明会で社長が「生成AI向けの半導体投資が活発化する見通し」と発言したことが材料視されています。米国株のSOX指数（半導体株指数）は大きく上昇しています。

C社株は、売り、買い、様子見？

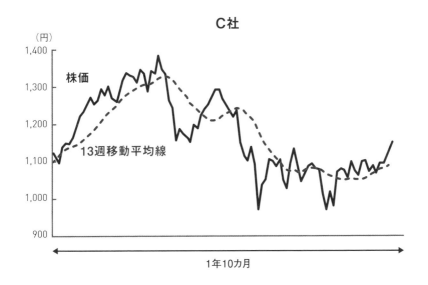

C社

（円）

株価

13週移動平均線

1年10カ月

第6章　儲かる株、損する株を見抜く

151

　C社はトレンドの転換点にあるかもしれません。ざっくりしたトレンド分析ですが、13週移動平均線が上向きの時は「上昇トレンド」、下向きの時は「下降トレンド」にあると見てください。

　C社は13週移動平均線の傾きが「上向き」に変わり、株価は戻り高値を更新したところです。このまま上昇トレンドに転換する可能性があります。テクニカル分析では、少し買ってみたいところです。

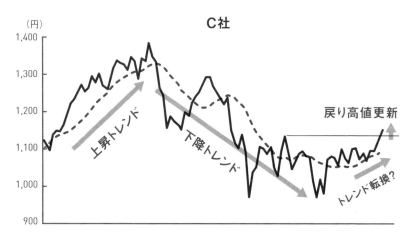

C社

■ 半導体関連株は「シリコン・サイクル」を先取りする

　半導体産業には、5～6年ごとに好況と不況を繰り返す「シリコン・サイクル」と呼ばれる波があります。半導体関連株は、そのサイクルを半年から1年先取りして動く傾向があります。

　半導体不況の期間に次の半導体ブームが見えてくると、株価は底打ちして上昇を始めます。一方、半導体ブームで業績絶好調のうちに、次の半導体不況を織り込んで、株価は下落を始めます。

　したがって、業績だけを見て投資判断をしていると、投資タイミングが遅くなります。ファンダメンタルズ分析だけでなく、株価のテクニカル分析もあわせて判断したほうが、勝率が高まります。

Q 54　移動平均線からのかい離率

　D社は、飲料メーカーです。8月に観測史上最高気温に達し、売上が好調であることを受けて、「猛暑関連株」として買われています。

　E社は、医薬品メーカーです。希少疾患で高シェア製品を多数持ち、安定的に成長していますが、増益率は1桁台にとどまります。

D社とE社、買うならどっち？

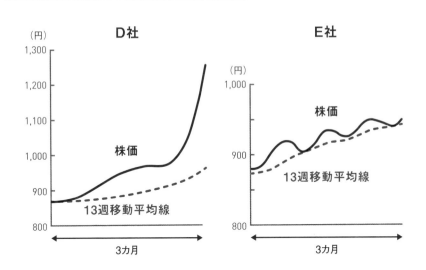

（円）　D社

（円）　E社

株価

13週移動平均線

3カ月

株価

13週移動平均線

3カ月

(!) ヒント　13週移動平均線からのかい離率を比較

・かい離率（％）＝（株価÷13週移動平均）×100－100
・D社かい離率＝（1,250÷961）×100－100＝30％
・E社かい離率＝（950÷940）×100－100＝1％

■ D社は株価過熱、ここから買うのは危険

D社は株価上昇ピッチが速すぎ。13週移動平均線からの上方かい離率が30%も開いているところを追いかけて買うのは危険です。

「麦わら帽子は冬に買え」という相場格言があります。みんなが麦わら帽子を買う夏に一緒に買うのではなく、みんなが買わない冬のうちに買っておけという意味です。

猛暑関連株を8月に買うのは遅すぎです。短期的な材料で上昇する株をみんなが買った後に買うのはやめましょう。

一方E社に派手さはありませんが、株価も業績も堅調。買って良いと思います。

■ 移動平均線からのかい離率が大きくなったら要注意

株の「売り」「買い」は合戦でぶつかり合う軍隊のようなもの。「売り」が「買い」に勝ち続けると、株は下がり続けます。「買い」が勝ち続けると、株は上がり続けます。

株のテクニカル分析に必要なのは、戦う両軍を上空から見て、どちらが勝ちそうか見抜く軍略家の眼です。勝ちそうなほうに加担して勝ちを稼ぐことを狙います。「強いほうにつく」のが鉄則。「買い」が勝ち始めている時に買い、「売り」が勝ち始めたら売るのが基本戦略です。

ただし、これには例外があります。派手に勝っている軍隊の戦線が伸び切った時は注意が必要です。

株価を「前線部隊」、13週移動平均線を「補給部隊」と捉えるとわかりやすいと思います。前線部隊が好調で、あまりに速いスピードで敵陣に攻め込んでいくと、後詰めや補給部隊から遠く隔たってしまいます。勝ちに浮かれて気づくのが遅れると、敵陣深くで囲まれて壊滅的ダメージを受けることがあります。

D社チャートは、そのような「兵たんが伸び切った」危険な状況に見えます。一方、E社は、前線部隊と補給部隊が、歩調をそろえて、堅実に陣をとっているように見えます。

Q 55

売らなければ良かった

大手医薬品 F 社株を 7 ヵ月前、2,200 円で 100 株買いました。がんの治療効果を高める画期的新薬を発売したことから成長株と期待。株価はその後 2,800 円まで上昇しました。

ところがその直後、F 社の新薬を投与した患者が死亡する事例が報告され、副作用への懸念が持ち上がりました。この報道を受けて株価はじりじり値下がりしてきたので、2,600 円で 100 株を売りました。

その直後、「F 社新薬に問題となる副作用はない。薬剤投与と患者の死亡に因果関係がないことが判明」と報道があり、株価は急反発。

F 社は、買い、様子見、空売り？

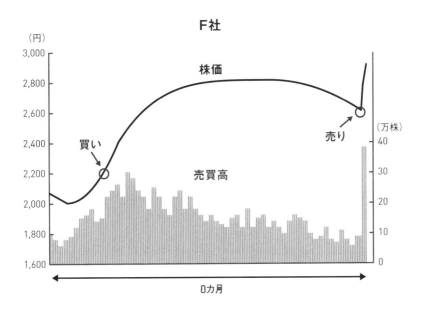

F社

第6章　儲かる株、損する株を見抜く

155

■ テクニカル分析で「買い」。成長株として買い直す

　Ｆ社株は、売買高が大幅に増加して、高値を更新しています。テクニカル分析で、さらなる上昇が見込めます。副作用の不安が消えたので、ファンダメンタルズ分析でも、成長株として再評価して良いと思います。

　ただし、ここでＦ社株を素直に買い戻せる人はあまりいません。2,600円で売ってしまっているからです。「2,600円で売ってしまって残念」という気持ちがあるので、2,900円で買うことができないのです。

　過去の売り値や買い値にとらわれず、現在の投資判断に素直に従って売買できるようになれば上級者です。私はファンドマネジャー時代、このクイズのような局面に何度も出会いました。こういうケースでは、迷うことなく、売値を大きく上回る株価で買い戻しました。

■ 副作用について十分な情報がないので「様子見」でもOK

「問題となる副作用はないという報道だけでは情報として不十分」と考えて、様子見を選んだ方も間違いとは言えません。

　治療効果の高い新薬には、常に副作用の不安が伴うからです。一般的に薬効が高い薬ほど、副作用が大きくなります。近年は、薬効が高くても、副作用が懸念される新薬は承認されない傾向が強まっています。

　Ｆ社の新薬は、定められた治験を経て、厚生労働省に承認されているわけですから、その時点で「問題となる副作用はない」と判断されています。

　ただし医療現場では、承認されたばかりの画期的新薬をすぐ使うことに慎重です。新薬を実際に使ってみた医療機関からの評判を聞きながら、少しずつ使用が拡大していきます。

　その過程で、副作用や薬効について、さまざまな報告が出てきます。新薬をリリースした会社の株は、そういう情報に反応して乱高下します。

56 TOBで株価はどうなる？

　株価 1,000 円の上場企業 G 社に対して、X 社より、1 株当たり 1,400 円で TOB（株式公開買付け）を実施すると発表がありました。発表のあった翌日以降、株価はどのように推移するでしょうか。

①②のうち可能性が高いのはどっち？

①株価 1,200 円まで上昇して売買成立。その後 1,200 ～ 1,250 円で推移。

②株価 1,300 円まで上昇してストップ高買い気配（売買成立せず）。次の日、1,380 円で売買成立。その後 1,380 円～ 1,400 円で推移。

〈公開買付者　X社から発表されたTOB概要〉

買付対象会社	G社
公開買付けの目的	G社普通株式すべてを買い取り、完全子会社とする。
買付け価格	1株当たり　金1,400円
買付け予定株数	1億株（発行済み株式総数） 下限：3400万株　　　上限：なし TOB応募株数が、買付け予定株数の下限に満たない場合は、応募株の全部の買付けを行わない。
買付け期間	2024年6月13日～7月25日
公開買付けに関する役員との合意の有無	G社経営陣は、公開買付けに同意

■ TOB成立はほぼ確実

　TOB に応募する株式数が、下限 3400 万株に満たないことはないと考えられます。2 つ理由があります。

　⑴買付け価格は、直前の株価に 40％ ものプレミアムを付けている。

　⑵友好的 TOB で、G 社経営陣も賛同を表明している。

　TOB 成立がほぼ確実で、TOB に応募すれば 1 株 1400 円で買い取ってもらえる G 社株を、それより大幅に安い株価で売る株主はいません。株価が 1400 円近くに上昇するまで売り手がいないので、売買は成立しません。株価が 1400 円に近づいてから、やっと売買が成立することになります。

■ TOB価格より少しだけ下の1,380円で売る株主はいる

　TOB に応募すれば 1,400 円で買い取ってもらえますが、それには時間がかかります。何らかの事情ですぐに売却代金を取得したい株主は、1,400 円より少し下の株価でも売るかもしれません。また、TOB 成立はほぼ確実ですが、応募が少なくて TOB が不成立となる万一のケースに備えて、早めに売りたい株主もいるかもしれません。

■ TOB実施義務

　金融商品取引法では、一定の大規模な株式の買い集め行為に対して、TOB 実施を義務付けています。市場外取引によって、発行済み株式総数の 5％ を超える株式を取得する場合、あるいは、市場外の買付後に保有比率が 3 分の 1 を超える場合などに、適用されます。

　経営権取得の意図をもって株式取得を進める投資家の存在を周知し、すべての株主に平等に売りの機会を与えることが目的です。

ＴＯＢで株価はどうなる？（その２）

　株価1,000円の上場企業H社に対して、Y社より、1株当たり1,400円でTOBを実施すると発表がありました。

①②のうち可能性が高いのはどっち？

①株価1,200円まで上昇して売買成立。その後1,200～1,250円で推移。
②株価は1,300円まで上昇。ストップ高買い気配となって、売買成立せず。次の日1,380円まで上昇して売買成立。その後1,380～1,400円で推移。

〈公開買付者　Y社から発表されたTOB概要〉

買付対象会社	H社
公開買付けの目的	H社普通株式の51%を取得し、子会社とする。
買付け価格	1株当たり　金1,400円
買付け予定株数	1億株（発行済み株式総数） 下限：3400万株　　　上限：5100万株 TOB応募株数が、買付け予定株数の下限に満たない場合は、応募株の全部の買付けを行わない。
買付け期間	2024年6月13日～7月25日
公開買付けに関する役員との合意の有無	H社経営陣は、公開買付に同意

(!) ヒント　**Q56との違いは……**

　前問と内容がよく似ていますが、大きな違いがあります。前問でX社はG社の全株取得を目指していました。この問題のY社は、H社の51%だけ取得を目指しています。

■ 2つの理由からTOB成立はほぼ確実

⑴買付け価格は、直前の株価に40%ものプレミアムを付けている。

⑵友好的TOBで、H社経営陣も賛同を表明している。

TOB成立を前提に、株価1,200円でH社株を買ってTOBに応募して1,400円で買い取ってもらえば儲かりそうです。ところが、そう上手くいきません。

■ TOBに応募しても、全部買い取ってもらえるとは限らない

Y社が買い取るのはH社の発行済み株式の約半分（51%）だけです。発行済み株式の全てがTOBに応募してきても、その半分しか買い取りません。

つまり、1,200円で2,000株買ってTOBに応募しても、買い取ってもらえるのは1,000株だけかもしれません。

買い取ってもらえる1,000株について、1株につき200円の利ザヤが得られます。ところが、買い取ってもらえない残り1,000株はどうなるでしょうか。TOBが終わった後、株価が元の1,000円に戻ってしまうとしたらどうでしょうか。200円の含み損を抱えることになります。200円の売却益を得て、200円の含み損を抱えると、トータルでは損も得もしません。

つまり、1,200円で値がつくのは、TOBが終わった後に、株価が元の1,000円まで下がったとしても、損も得もしないと予想されるからです。

■ TOBの全株買い取り義務について

TOBによって発行済み株式数の3分の2以上を取得する場合、全株取得が義務付けられます。議決権の3分の2を握れば、残り3分の1を強制的に買い取る特別決議（スクイーズ・アウト）も通せるからです。

この問題のY社は、TOBで51%のみ取得を目指しています。したがって、全株取得義務は課せられず、51%だけ取得することも選択できます。

58

TOBで急騰

株価1,000円の上場企業I社に対して、Z社がTOBを実施します。

〈公開買付者　Z社から発表されたTOB概要〉

買付対象会社	I社
公開買付けの目的	I社普通株式の100%を取得し、完全子会社とする。
買付け価格	1株当たり　金1,300円
買付け予定株数	1億株（発行済み株式総数） 下限：3400万株　　　上限：なし TOB応募株数が、買付け予定株数の下限に満たない場合は、応募株の全部の買付けを行わない。
買付け期間	2024年6月13日〜7月25日
公開買付けに関する役員との合意の有無	I社経営陣は、公開買付けに反対を表明

　株価はTOB発表後に急騰、いったん1,300円で価格がつきました。ところが、その後さらに上昇して、1,400円辺りで推移しています。株価がTOB価格を超えて上昇した理由は何でしょう。

　以下の選択肢のうち、考えられる理由をすべて選んでください。

①損をしたい投資家が、1,400円でI社株を買ってTOBに応募し、1,300円で買い取ってもらい、損をすることを狙っている。
②TOBの買い付け価格1,300円は安すぎると判断。TOB価格の大幅引き上げを予想して、1,400円で積極的に買っている。
③I社経営陣がZ社によるTOBに反対。他社からもっと高い価格で対抗TOBが入ると予想して、積極的に買っている。

■ TOB価格が安すぎると、別の会社から対抗TOBがかかることも

〈2020年、島忠にTOBがかかった時の株価推移〉

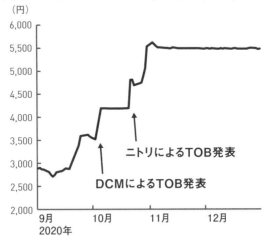

　2020年、ホームセンター島忠に、同業のDCMホールディングスがTOBをかけた際、島忠経営陣が同意を表明したので、「友好的TOB」として成立確実と思われました。

　ところが、後からニトリホールディングスがさらに高い価格で島忠にTOBをかけて驚かれました。島忠経営陣にとって寝耳に水で、敵対的TOBとなるところでした。経営陣は後からニトリTOBに同意したので友好的TOBとなり、島忠はニトリの傘下に入りました。

　島忠の株価が、もともと買収価値から見てきわめて割安な水準に放置されていたから、このようなことが起こったと考えられます。島忠は、財務内容が良好で、収益基盤もしっかりしていましたが、TOBがかかる前の株価はPBR1倍を大きく割れていました。ニトリは、買値を大幅に上げて島忠の経営権を取得しましたが、決して割高な価格で買収したわけではありません。元の価格がきわめて割安だったからです。

のれん、無形資産が大きいけれど……

J社は、買収を繰り返して成長してきた医薬品企業で予想配当利回り4.2％です。ちょうど決算を発表したところで、バランスシートと損益計算書は次の通り。

高配当利回り株として投資して良い？

〈J社のバランスシートと損益計算書〉

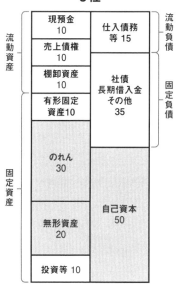

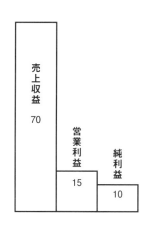

J社の資産を見ると、有形固定資産が小さく、のれんや無形資産（目に見えない価値、超過収益を生む源泉）が大きいことがわかります。目に見えない資産でも、十分な利益を生んでいれば問題ありません。

■ ROE20%、営業利益率21%の高収益企業

企業の収益力が高いか低いか判断する際、ROE と営業利益率を計算してください。

J 社の ROE（簡便法）＝純利益÷自己資本× 100

$$= 10 ÷ 50 × 100$$

$$= 20\%$$

J 社の営業利益率＝営業利益÷売上収益× 100

$$= 15 ÷ 70 × 100$$

$$=約 21\%$$

ROE20%・営業利益率 21%は、かなり高い水準と言えます。日本企業は、欧米企業に比べると、ROE があまり高くありません。8 〜 10%あれば、高いほうです。20%もあれば、すばらしい。

■ のれん・無形資産が大きいが、収益力が高ければ問題なし

J 社は、資産の半分近くが目に見えない「のれんや無形資産」。目に見える有形固定資産より、目に見えない価値をたくさん保有しています。近年は、ネット産業やバイオ産業などで J 社のように目に見えない価値で稼ぐ企業が増えています。

たとえば、GAFAM（グーグル、アップル、メタ、アマゾン、マイクロソフト）など巨大テック企業は、有形固定資産をあまり持たず、目に見えない技術力やブランド力、顧客基盤、インフラ支配力で稼いでいます。

のれんとは、企業買収で発生する、目に見えない「超過収益力の源泉」のことです。

自己資本 50 億円（時価ベース）の企業を、80 億円で買収したとします。買収金額と自己資本の差額（80 億円—50 億円＝ 30 億円）は、バランスシート上、無形資産または「のれん」として計上されます。

損益計算書を 1 期だけ見てもわからないので、「回答不能」と判断した方も正解です。5 年分くらい見ないと安定的に収益を稼いでいるかわからない、と考えた方もいるかもしれません。その通りです。

赤字で株価下落、買っていい？

K社は、買収を繰り返して売上を拡大してきたインターネット・サービス企業です。ちょうど第18期の決算を発表したところですが赤字でした。株価は業績不振から下落トレンドが続いています。過去2期の損益計算書と第18期末のバランスシートは次の通り。

そろそろ買っても良い？

損益計算書（第17期）

売上収益 100 営業利益 2 純損失 ▲2

損益計算書（第18期）

売上収益 100 営業損失 ▲2 純損失 ▲4

バランスシート（第18期末）

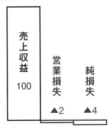

流動資産 30	流動負債 30
有形固定資産 30	固定負債 40
のれん 30	
投資等 10	自己資本 30

（固定資産：有形固定資産・のれん・投資等）

（総資産を100とした比率で表示）

■ 収益力が低い

まず、Ｋ社の営業利益率を計算しましょう。

第 17 期営業利益率＝営業利益÷売上収益× 100

= 2 ÷ 100 × 100

= 2 ％

第 18 期営業利益率＝▲ 2 ÷ 100 × 100

=▲ 2 ％

17 期の営業利益率は 2 ％でした。営業利益率は低く、収益は不安定と考えられます。18 期には営業損失を計上し、営業利益率は▲ 2 ％となりました。

続いて、18 期の ROE（自己資本利益率）を計算しましょう。最終損益は 2 期連続で赤字（純損失）で ROE もマイナスです。

第 18 期 ROE ＝純利益÷自己資本× 100

=▲ 4 ÷ 30 × 100

=約▲ 13％

■ 売上が伸びていない

Ｋ社は、インターネット・サービス企業を次々と買収し、事業を拡大してきました。今は赤字でも、「将来黒字化して利益成長を牽引する」とＫ社経営陣は期待しているはずです。

そこで重要なのは、売上高の伸びです。今赤字でも、売上高が急拡大していれば、近い将来、黒字化する期待が持てます。ところが、Ｋ社は 17 期から 18 期にかけて売上高は横ばいで、まったく成長していません。

売上高の伸びがゼロで、2 期連続で純損失を計上していることを考え

ると、買収した事業が、近い将来黒字化する見込みは薄いと考えられます。

■ 「のれん」に減損損失が発生する可能性も

のれんとは、企業買収によって獲得した、目に見えない「超過収益を生む価値」のことです。現在または近い将来、利益を稼いでいく期待があるから、計上できるものです。

ところがK社は売上の伸びがなく、2期連続で純損失を計上していることから、近い将来、のれんの価値を減損しなければならなくなる懸念もあります。

万一のれんの価値がゼロと判断されると、のれん30がゼロになります。自己資本が30しかありませんので、のれんをゼロにすると、自己資本がほとんどなくなってしまいます。

株価が下がっているというだけで、こういう危ない企業に投資すべきではありません。

株価チャートに表れる「群衆の心理」

■ あなたは右脳派それとも左脳派?

　皆さんは、野性のカン・第六感が働くほうですか。直感はするどいが、言葉でうまく説明できないというのなら、あなたは右脳派かもしれません。それは株式投資には大切な資質ですから大切にしてください。

　人を論理で言い負かすのが得意ですか。論理的思考は得意だが、株式投資はどうもうまくいかないというのならば、あなたは左脳派かもしれません。左脳は、うまく使うと株式投資の武器になりますから、使い方をよく考えましょう。使い方をまちがえると、とんだ思い込みから傷を深めることにもなりますので注意してください。

　株で勝つには、右脳と左脳がバランスよく働くことが理想的です。右脳は、株価チャートや市場の空気を読むのに必要です。左脳は、企業業績や財務諸表などファンダメンタルズを分析するのに必要です。

■ 「直感」対「論理」

　右脳・左脳の働きの違いを知っていますか。右脳は直感・ひらめきを、左脳は言語・論理的思考を担当しています。

左脳の働き	右脳の働き
言語・計算・論理 右脳の補完 右半身の運動機能	直感・イメージ・ひらめき 左脳の補完 左半身の運動機能

　株を買う時、「ヨシッ!」と自信満々で買う時と、悩みに悩んで買う時があるでしょう。直感と論理があっている時、つまり、右脳と左脳が両方とも「買え」と言っている時、私たちは迷うことなく買うことができます。

　ところが、右脳と左脳が逆のことを言っている時は、要注意です。

「ファンダメンタルズを分析するとすばらしい株だけど、なんとなくイヤーな予感がする」。こんな時は、しばらく様子見したほうがいいですね。左脳が買いといっていても、右脳がストップをかけてきているのですから。

右脳の直感を、軽く見てはいけません。思っている以上に莫大な情報量と経験が詰まっているからです。

■ チャートに出る群衆の「心」

右脳の知恵は、潜在意識の中にあるので、なかなか言葉にできません。言葉にならない直感を、どこまで信じるべきか迷います。

株式投資では、ありがたいことに1つだけ右脳の知恵を目で見られる場所があります。それが株価チャートです。チャートには、あなた1人の右脳の知恵だけでなく、世の中のあらゆる投資家の右脳の英知の結晶が表れています。

つまり株価チャートに表れているのは、人々の「心」です。多数のアナリストが「買い」だと言い、みんながすばらしいとほめる株が、よくありますね。そんな株のチャートを見たら、今にも崩れ落ちそうな危なっかしいチャートだったら、どう思いますか。

そこに見えているのは、群衆の本音です。左脳は「買い」だと言っているのに、右脳では何かおかしいと思っている人が多いことが、そこにありありと出ているわけです。

みんなが熱狂していた成長株の成長ストーリーが崩壊し、ボロボロになっていく過程の初期に、こうした現象が起こります。

■ チャートの予見性

株価は景気に半年から1年、先んじて動く傾向があります。株を売買している群衆の一人一人は、けっして優秀なエコノミストではないのに、群衆の売買で動く株価に、景気の予見性があります。

投資顧問会社で働いていた時、私の同僚で非常にパフォーマンスの良いファンドマネジャーがいました。彼は、いつもすごく良いタイミングで株を売買していました。

彼は半導体ブームの最中に、半導体株を売っていました。私が「なんで売るの」と聞くと、「あきちゃったから」と答えていました。

　それからほどなくして、突然、半導体産業の業況が悪化してきたことには驚きました。株価チャートを見ると、半導体株は、半導体ブームが続いているうちに値崩れが始まっていました。半導体アナリストが総強気の時、半導体の専門家ではない群衆投資家は、「なんか変だぞ」と感じていたことがわかります。

　こうした群衆の直感を生かすためには、ファンダメンタルズだけでなく、株価チャートも分析する必要があります。

　チャート分析については、前書『株トレ 世界一楽しい「一問一答」株の教科書』にてより詳しく解説しています。そちらも参照してください。

おわりに | 個人投資家としてのレベルを上げる2つのアクション

　財務分析あり、チャートあり、企業調査あり、かなり盛りだくさんの内容でしたが、皆さんいかがでしたか。

　60問のクイズに答えて、半分以上が正解であれば、ファンダメンタルズ分析の基礎はできたと自信を持っていただいて結構です。

　半分以上まちがえてしまったとしても問題ありません。難問もたくさんありましたから。できなかったところは解説を読んで、しっかり理解してください。

　いくら解説を読んでも、意味がわからないところがあったら、そのクイズにチェックを入れておいてください。理解できないのは、たぶん皆さまに株式投資の経験が足りないことが原因です。実際に投資をたくさん経験するうちに出会う可能性のある問題です。その時に改めて、本書を読み返してください。

　たとえば、Q56 ～ Q58でTOBのクイズを出しています。解説を読んでも、なんのことかよくわからなかった方がいるかもしれません。将来、いろいろな銘柄の分析をするうちに、TOBがからむ問題も出てくるでしょう。その時に、ここをもう一度読み返してください。

　60問のクイズに、私が25年間のファンドマネジャー時代に何万回ものトレードの中でぶつかってきたさまざまな問題をぎゅっと凝縮しました。個人投資家として「これだけは知っていてほしい」と思うことを厳選しています。

　本書を読んだ皆さんには、学んだ知識でさらにパワーアップするために、ぜひやっていただきたいことが2つあります。

■ (1)多数の銘柄への分散投資を経験してください

　余裕資金の範囲で個別銘柄への投資にチャレンジしてください。既に投資している方は、投資銘柄数を増やしてください。1つや2つでなく、20 ～ 30銘柄への分散投資を行い、経験を積んでください。

　証券会社の多くで、日本株を1株単位で売買できる「ミニ株サービ

ス」があります。ミニ株を使えば、株価1,000円の会社は、1株1,000円前後から売買できます。5万円くらいあれば20～30銘柄への分散投資が可能です。ミニ株の売買手数料が無料または低い証券会社を利用するのが良いと思います。

■ (2)投資した会社のHPで「投資家情報」を読んでください

投資に必要な企業情報は「現場」にあります。昔は、アナリストは「足で稼ぐ」と言われました。会社の決算説明会に足を運び、工場や店舗を視察して調査レポートを作成していました。

今でも、現場に足を運ぶことは大切です。小売り、食品、外食、サービス業など消費関連企業に投資しているならば、できれば店舗に行き、製品やサービスを使ってみてください。

ただし、最近は必ずしも現場に行かなくても、かなりの「現場情報」が得られるようになりました。上場企業のウェブサイトで「投資家情報」または「IR情報」に入ると、そこには決算資料や決算説明会の動画、ビジネスモデル、中期経営計画のわかりやすい説明などを取得できます。

昔（1980年代）は、大手証券会社や機関投資家のアナリストしか入手できなかった情報が、個人投資家でも簡単に入手できるようになりました。それを読むことから始めてください。

興味のある会社の情報から読んでいってください。たくさんの銘柄に投資していくうちに、自然ともっとたくさんの企業のIR情報に興味がわくでしょう。

本書では、ファンダメンタルズ分析のスキル向上のため、特に会計を勉強することに力を注ぎました。会計は「ビジネスの言語」であり、あらゆるビジネスシーンで使われます。本書を通じて、皆さまの資産形成とビジネスのスキルアップに少しでも貢献できれば幸甚です。

なお本書の執筆においてダイヤモンド社の斉藤俊太朗様に貴重なアドバイスの数々をいただきました。この場を借りて御礼申し上げます。

窪田真之

おわりに

これだけは知っておきたい
会計用語

あ

売上原価	販売した商品の仕入れまたは製造にかかったお金	Q31
売上総利益 （粗利、売上収益）	販売する製品やサービスから得られる利益。売上高から売上原価を差し引いたもの	Q11
売上高	製品や商品を販売、あるいは、サービスを提供することによって得られる収入の総額	Q11
売掛金	売上の対価として将来的に金銭を受け取る権利	Q25
営業キャッシュフロー	本業で得られるキャッシュフロー	Q32
営業利益	企業の主たる営業活動（本業）で稼いだ利益。売上総利益から販管費を差し引いたもの	Q11
営業利益率	営業利益率（％）＝営業利益÷売上高×100 この指標が大きいほど、収益基盤が安定している	Q13

ファンダメンタルズ分析　これだけは知っておきたい会計用語

た

棚卸資産	在庫。製造業では原材料、仕掛品、製品のこと。流通業では商品。マンション開発業では、開発用土地、仕掛販売用不動産、販売用不動産のこと	Q25
当期純利益（最終利益）	企業が稼いだ利益から、法人税を含むすべてのコストを差し引いて、最終的に残る利益	Q11
投資キャッシュフロー	設備投資などで出ていくキャッシュフロー	Q32

な　は

のれん	企業買収にかかる金額と買収された企業の時価で評価した純資産額の差	Q27
配当性向	配当性向＝1株当たり配当金÷1株当たり利益 純利益の何％を配当として株主に支払っているかを示す指標	Q49
配当利回り	配当利回り（％）＝1株当たり配当金÷株価×100	Q7
販管費（販売費及び一般管理費）	企業の運営にかかるさまざまな費用。人件費・家賃・光熱費など	Q31
フリーキャッシュフロー	営業キャッシュフロー＋投資キャッシュフロー	Q33

ら

利益剰余金	内部留保。利益から配当金などを差し引いた残り	Q30
流動資産	原則1年以内にキャッシュ化できる資産	Q21

流動比率	流動比率（％）＝流動資産÷流動負債×100 流動負債に対する流動資産の比率。200％以上ならば財務良好。100％以下だと資金繰りに不安	Q21
流動負債	1年以内に返済期限がくる負債	Q21

A

PBR （株価純資産倍率）	PBR＝株価÷1株当たり純資産 1株当たり純資産に対して株価が何倍であるかを示す指標。倍率が低いほど株価は割安	Q3
PER （株価収益率）	PER＝株価÷1株当たり利益 1株当たり利益に対して株価が何倍であるかを示す指標。倍率が低いほど株価は割安	Q1
PSR （株価売上高倍率）	PSR＝株価÷1株当たり売上高 1株当たり売上高に対して株価が何倍であるかを示す指標。倍率が低いほど株価は割安	Q9
REIT、リート （不動産投資信託）	不動産へ小口投資できる投資信託	Q50
ROE （自己資本利益率）	ROE（％）＝純利益÷自己資本×100 自己資本に対する利益の大きさを示す指標。この指標が大きいほど、自己資本を効率よく使って大きな利益をあげている	Q59
TOB （株式公開買付け）	企業を買収する手段の一つ。経営権取得のために、買付け価格や株数、期間を公告し、市場外で不特定多数の株主から大量に株を買付ける	Q56

[著者]

窪田真之（くぼた・まさゆき）

楽天証券経済研究所 所長兼チーフ・ストラテジスト

1984年慶應義塾大学経済学部卒業、大和住銀投信投資顧問などを経て、2014年より楽天証券経済研究所チーフ・ストラテジスト。2015年より所長兼務。

日本株ファンドマネジャー歴25年。年間100社を超える調査取材をこなし、公的年金・投資信託・ＮＹ上場ファンドなど20代で1000億円以上、40代で2000億円超の日本株運用を担当。ベンチマークである東証株価指数（TOPIX）を大幅に上回る運用実績をあげてきた。

ファンドマネジャー時代の1999～2013年に毎週書いてきた投資情報「黒潮週報」は、英語・中国語に翻訳され、海外機関投資家に配布されてきた。中東・中国・東南アジアに出張し、機関投資家と直接対談してきた経験から、外国人投資家事情に精通。

楽天証券では2014年から現在まで、同社投資メディア「トウシル」にて「3分でわかる！今日の投資戦略」を連載。月間200万ページビューを超える人気コラムとなっている。

企業会計基準委員会「ディスクロージャー専門委員会」委員、内閣府「女性が輝く先進企業表彰選考会」委員などを歴任。

著書に『IFRSで企業業績はこう変わる』『NISAで利回り5％を稼ぐ高配当投資術』（日本経済新聞出版）、『株トレ 世界一楽しい「一問一答」株の教科書』（ダイヤモンド社）など。

2000億円超を運用した伝説のファンドマネジャーの

株トレ　ファンダメンタルズ編

2024年7月30日　第1刷発行
2024年9月4日　第3刷発行

著　者——窪田真之
発行所——ダイヤモンド社
　　　　　〒150-8409　東京都渋谷区神宮前6-12-17
　　　　　https://www.diamond.co.jp/
　　　　　電話／03・5778・7233（編集）　03・5778・7240（販売）

装丁————小口翔平＋畑中茜（tobufune）
本文デザイン—松好那名（matt's work）
本文DTP——キャップス
校正————LIBERO
製作進行——ダイヤモンド・グラフィック社
印刷／製本—勇進印刷
編集担当——斉藤俊太朗

©2024 Masayuki Kubota
ISBN 978-4-478-11691-3
落丁・乱丁本はお手数ですが小社営業局宛にお送りください。送料小社負担にてお取替えいたします。但し、古書店で購入されたものについてはお取替えできません。
無断転載 複製を禁ず
Printed in Japan

◆ダイヤモンド社の本◆

お金を守り、ふやすために、知っておきたい投資信託のすべて

学校でも、銀行でも、証券会社でも教えてくれない、「投資信託」の正しい知識と選び方。NISAやiDeCoを始めるために欠かせない投資信託の用語解説、しくみ、投信の選び方、買い方、解約の方法まで、イラスト図解でわかりやすい！

改訂版　一番やさしい！一番くわしい！
はじめての「投資信託」入門

竹川美奈子［著］

●四六判並製●定価（本体1500円＋税）

https://www.diamond.co.jp/

◆ダイヤモンド社の本◆

会社四季報、決算書を使った
銘柄選びがやさしくわかる！

初心者にもわかりやすい銘柄選びの方法を、個人投資家でもある公認会計士が
解説。事例たっぷりで図表も豊富。売買タイミングのアドバイスも！

株を買うなら最低限知っておきたい
ファンダメンタル投資の教科書 改訂版

足立武志［著］

●A5判並製●定価（本体1700円＋税）

https://www.diamond.co.jp/

◆ダイヤモンド社の本◆

伝説のファンドマネジャーが語る 株式投資の極意

アマチュアの投資家がプロの投資家より有利と説く著者が、有望株の見つけ方から売買のタイミングまで、株で成功する秘訣を伝授。

ピーター・リンチの株で勝つ［新版］

アマの知恵でプロを出し抜け

ピーター・リンチ、ジョン・ロスチャイルド［著］

三原淳雄、土屋安衛［訳］

●四六判並製●定価(本体1800円＋税)

https://www.diamond.co.jp/

◆ダイヤモンド社の本◆

世界累計100万部突破のベストセラー

家計を自動化し、寝ている間にお金を増やせば、誰もがリッチな暮らしを送ることができる。ケチケチ切り詰めないし、買い物もガマンしない。一生お金に悩まない「ゼロから始める資産づくりの決定版」。

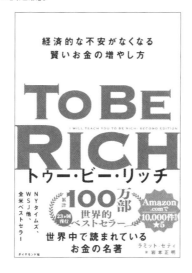

トゥー・ビー・リッチ

経済的な不安がなくなる賢いお金の増やし方

ラミット・セティ[著]　岩本正明[訳]

●四六判並製●定価(本体1700円+税)

https://www.diamond.co.jp/

◆ダイヤモンド社の本◆

クイズでチャートを完全マスター！

「このチャートは売り？ それとも買い？」ファンドマネジャー歴25年の著者が厳選した「一問一答チャートのクイズ」で株のセンスが身につく！知識不要。数字オンチでも大丈夫！

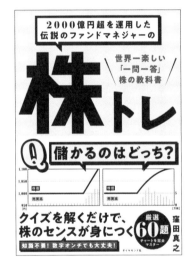

2000億円超を運用した伝説のファンドマネジャーの
株トレ
世界一楽しい「一問一答」株の教科書
窪田真之[著]

●A5判並製●定価(本体1400円＋税)

https://www.diamond.co.jp/